プロローグ

この肺炎が世界恐慌のキッカケとなるのか!?

世界経済崩壊のキッカケが、ついにやって来た。しかも、それはまったく思いもよらぬ方向からだった。

昨年秋に中国・武漢で秘かに始まっていた新型肺炎は、今年に入って一挙に爆発的感染が始まり、中国だけでなくこの日本も含む全世界に衝撃を与えた。中国各地で交通が遮断され、物流もストップした。さらに、アメリカ、オーストラリア、ニュージーランドなどは、過去一四日以内に中国に滞在歴のある外国人の入国を禁止した。

しかし、コトはこれで収まらなかった。発源地の湖北省武漢はハイテクや自動車部品関連の重要な拠点で、そこが完璧に封鎖されたために全世界のハイテクメーカーや自動車メーカーが完成品を作れないというパニックに陥っている。

さらに、中国政府が中国人の団体の海外旅行をすべて中止させたために、一番のかき入れ時の春節（旧正月）に日本に来るはずの大量の中国人が激減し、観光地、土産物屋、ホテルなどが大きなダメージを被った。

ＪＴＢやＨＩＳなどの大手旅行会社も中国、香港に大きく注力していただけにその被害は測りしれない。なにしろ、この新しい〝経済災害〟は、もっとも悪いタイミングで突然、私たちの目の前に姿を現わしたのだ。私が社長を務める出版社第二海援隊のＪＴＢの担当者は、「私どもは、特に香港に力を注いでいたために最悪です。クルーズ船もキャンセル続出ですし、海外修学旅行もほとんど全滅です。久し振りの赤字転落は確実でしょう」とうめいた。ディズニーランドなどの人が集まる施設、特に映画館などもこれから大変なことになる。

今の拡大状況から見て、この先、半年から一年は収まりそうもないと考えておいた方がよい。ＬＣＣ（格安航空会社）の社長は「二ヵ月半お客がいなかったら、資金がすべて底を突く」と叫んだそうだ。

そして二月下旬、ついにあの最高値付近にいたニューヨークダウが大暴落を開始した。それに引きづられるようにして日経平均もパニック的に下がった。

「株には予測能力がある」と言われるだけに不気味だ。

しかし、経済被害はこんなもので収まりそうにない。下手をすると、東京オリンピックが中止になるとまで噂されている。このまま新型肺炎が広まって行けば、その可能性は高いだろう。

その場合の経済逆回転効果は測りしれない。しかも、安倍政権そのものも崩壊しかねない。そうなれば、アベノミクスは終了する。大変なコトだ。

かつて、九〇年前のスペインかぜの大流行では、人口わずか二〇億人の時代に一億人（少なくとも五〇〇〇万人）が死んだという説もある。今回の新型コロナウイルスは、今のところそこまで毒性が高くはないが、いつ突然変異して強毒性に変わらないとも限らない。

そうした中、日本での患者の広がりを憂慮して、アメリカが日本人の入国を拒否する時期がやって来るのではないかと懸念されている。そうなれば、物流も人的移動も止まり、世界経済は大パニックに陥るかもしれない。

日本はまだよい方で、中国では人民の不満が高まっており、体制自体の危機にたどり着く可能性まで指摘されているし、北朝鮮に至っては軍自体の食糧も不足する中、肺炎が広まれば国の体制そのものが崩壊すると言われている。

話は戻るが、それでなくとも世界はリーマン・ショック後の超金融緩和によってバブル化し、借金が異常なレベルに達していた。あとは「何が火を点けるのか」という段階に来ていたのだが、ひょっとすると（というよりかなり高い確率で）この中国発の肺炎が世界大恐慌の直接の原因となるかもしれない。

そろそろ、あなたも備えよう、手を打とう。最終章にサバイバルの手法をいろいろ盛り込んだので安心してほしい。皆さんが、逆にこの大災害をチャンスとして、数年後に生き残っていることを祈って本書の幕を開けたい。

二〇二〇年三月吉日

浅井　隆

新型肺炎発世界大不況――――目次

プロローグ

第一章　日本経済の惨状
――JTB、小売から航空会社、自動車まで

第二章　鼓動が止まる世界の人的移動
――このまま行くとアメリカも日本人の入国拒否

第五章　武漢はハイテク、自動車部品の重要拠点
――中国はサプライチェーンの重大な鎖。それが切れると……

第六章　香港経済壊滅

第七章　北朝鮮は国家存亡の危機

エピローグ

※注　本書では一米ドル＝一一〇円で計算しました。

第一章　日本経済の惨状
――ＪＴＢ、小売から航空会社、自動車まで

マスクがない！

二〇二〇年二月二五日、横浜のドラッグストアの前で流血のケンカが起きた。殴り合いの末、一方の人物は地面に倒され、相手が上から抑え込む映像がテレビのニュースでも放映された。

ケンカの引き金となったのは「マスク」だ。新型コロナウイルスの感染が広がる中、マスクの品不足は深刻で、開店前のドラッグストアでの行列は全国的に発生していた。しかも、マスクの入荷の有無さえわからず、行列してもマスクを購入できる保証はない。多くの人がイライラを募らせる中、行列に割り込んだ人物とケンカになったようだ。

他にも、高値での転売、盗難など、マスクをめぐるトラブルは全国で多発している。いまやマスクは「貴重品」と化した。同年二月下旬にはトイレットペーパーやボックスティッシュ、生理用品、消毒薬などが次々に店頭の棚から消えた。

これらの「パニック買い」は感染の世界的な広がりを受け、アメリカや欧州にも瞬く間に飛び火し、マスク、トイレットペーパーなどの紙製品に加え、水、保存食、冷凍食品などさまざまな商品が一気に品薄状態になった。人々の行列と空になった陳列棚の写真がＳＮＳを通じて拡散、消費者の不安が煽られ続けており、混乱は当分収まりそうもない。

読み切れない新型肺炎の影響

新型コロナウイルスの感染拡大が、日本経済に着実に打撃を与えている。多くの企業が工場の操業停止やサプライチェーンの混乱、消費の減速などの影響を受け、業績の落ち込みが避けられない状況だ。

上場企業では、業績予想の引き下げが相次いでいる。東京商工リサーチによると、五六社の上場企業が新型肺炎による業績予想の下方修正や販売への悪影響があると開示した。業績予想の見直しには至らないものの、一八六社の企業が新型肺炎による今後の影響について懸念を示している。

感染が日々拡大する中、自社に悪影響がおよぶのは間違いないが、果たして業績がどこまで落ち込み、どの時点で回復に向かうのかまったく見当がつかないという企業が多いに違いない。多くの企業が、この未知のウイルスの影響を測りあぐねているというのが現状だろう。

それを象徴するように、花王は二〇二〇年一二月期の連結業績予想について、売上高が一兆五一〇〇億～一兆五三〇〇億円、営業利益が二二〇〇億～二三〇〇億円、純利益が一五四〇億～一六一〇億円というように、予想に幅を持たせている。売上高の予想には二〇〇億円の幅があり、新型コロナウイルスの感染拡大により、売上高が最大で二〇〇億円減少すると予想したということだ。

二〇二〇年二月二〇日には、東京商工リサーチが「新型コロナウイルスに関するアンケート」調査を発表した。同調査によると、新型コロナウイルス発生の企業活動への影響を聞いたところ、有効な回答が得られた一万二三四八社のうち、「現時点ですでに影響が出ている」と回答したのが二一・七％、「現時点で影響は出ていないが、今後影響が出る可能性がある」が四三・七％、「影響はない」は三三・五％となった。全体の約三分の二の企業がすでに影響を受けているか、今後の影響を懸念していることがわかった。

影響は幅広い業種におよぶが、中でも製造業、卸売業、運輸業、小売業などへの影響が相対的に大きくなっている。

激減するインバウンド需要

近年、わが国の訪日外国人は大幅に増加している。私が住む東京はもちろん、観光地を中心に国内各地で外国人観光客の増加を実感している人は多いだろう。

二〇二〇年一月、日本政府観光局（ＪＮＴＯ）は、二〇一九年の訪日外国人数が前年比二・二％増の三二八八万二〇〇〇人だったと発表した。この結果は、ＪＮＴＯによる統計のある一九六四年以降で過去最多という。訪日外国人数は二〇一三年に一〇〇〇万人を突破、二〇一六年には二〇〇〇万人を突破、そして二〇一八年には史上初めて三〇〇〇万人を突破しており順調に増加している。

訪日外国人の増加により、巨額のインバウンド需要が生まれた。観光庁による訪日外国人消費動向調査によると、二〇一九年の訪日外国人旅行消費額（速報）は四兆八一一三億円（前年比六・五％増）となり、七年連続で過去最高を更新した。同年の訪日外国人一人当たりの旅行支出は、一五万八〇〇〇円（前年比三・五％増）となった。年間で三〇〇〇万人もの外国人がそれぞれ約一六万円ずつ、総額で五兆円近いお金を日本に落として行くのだ。

人口減少により内需の縮小が避けられないわが国にとって、インバウンド消費は経済を支える重要な柱であることに異論はあるまい。政府も訪日観光客の増加に力を入れており、二〇二〇年の訪日観光客数を二〇〇〇万人に、訪日外国人旅行消費額を四兆円にする目標を掲げていた。ところが訪日観光客の増加は想定をはるかに上回り、二〇一六年時点で達成してしまった。そこで政府は、二〇二〇年の訪日観光客数を四〇〇〇万人に、訪日外国人旅行消費額を八兆円にする目標を新たに設定した。当初の目標数値の二倍となる高い目標設定だ。

ところが、この政府目標の達成に暗雲が立ち込め始めている。すでに二〇一九年には日韓関係の悪化から韓国からの訪日客が減少し、訪日観光客の増加にブレーキをかけている。これに追い打ちをかけたのが、新型コロナウイルスの感染拡大である。

二〇二〇年一月の訪日中国人客数は、前年同月比二二・六％増の九二万四八〇〇人であったが、二月以降は大幅に落ち込むとみられる。新型コロナウイルスの感染拡大を受け、中国政府は同年一月二七日以降、海外への団体旅行を禁止した。当然、訪日中国人客数は大幅な減少が避けられない。なにしろ、インバウンド消費における中国人の存在は非常に大きい。二〇一九年の訪日外国人のうち、約三割を中国人が占める。さらに、二〇一九年の中国人の旅行消費額は訪日外国人全体の旅行消費額の三六・八％を占める。今後の感染の広がりによっては、中国だけでなく欧米からの訪日客が大幅に減ることも考えられる。

これらの厳しい逆風を考えると、「二〇二〇年の訪日観光客数四〇〇〇万人に、訪日外国人旅行消費額八兆円」という政府目標の達成は、極めて困難になったと言わざるを得ない。

小売業界の悲鳴

小売業では、すでに新型コロナウイルスの感染拡大の影響が深刻化しつつある。二〇二〇年二月一八日には、大阪商工会議所が新型コロナウイルスの感染拡大による企業活動への影響調査の結果を発表した。それによると、小売業では「すでにマイナスの影響が出ている」と回答した割合が四七・四%と半分近くに達した。この割合は全業種平均の二倍以上に上り、小売業への影響は突出している。訪日中国人客の減少と日本人の外出手控えにより、売り上げが大きく減少しているという。

インバウンド需要の急激な落ち込みを受け、いわゆる「インバウンド関連銘柄」は業績の下方修正が相次ぎ、株価は軒並み急落した。化粧品大手コーセーは、二〇二〇年三月期の連結営業利益予想を一七％下方修正し四五〇億円とした。中国での新型肺炎拡大による訪日中国人客の減少などを織り込んだという。アベノミクス相場とインバウンド需要の追い風を受け、二〇一八年半ばまでの数年間で一〇倍以上に高騰したコーセーの株価は、その後下落基調で推移し、二〇二〇年二月末時点でピークから半値近くまで下落している。

インバウンド需要の恩恵を受けて来た百貨店も、ここに来て厳しい逆風にさらされている。三越伊勢丹ホールディングスも、業績予想の下方修正を発表した。二〇二〇年三月期の連結営業利益予想を、三〇〇億円から二〇〇億円へと三三％下方修正した。消費税増税や暖冬に加え、訪日外国人の減少が影響したという。やはり株価も下落傾向で、二〇二〇年二月末時点で七〇〇〇円台と二〇一五年半ばの二三〇〇円台から三分の一以下に沈む。二〇二〇年年初からの下げもきつく、二ヵ月で二〇％以上下落している。

飲食業界もすでに売り上げが大きく落ち込んでいる。飲食業界の人材紹介サービスを行なう「クックビズ」が二〇二〇年二月に実施した「飲食店における新型コロナウイルスの影響・対応調査」によると、飲食業の約半数の企業で、すでに売り上げが減少している。同調査での「店舗の売り上げに影響はあったか?」との質問に、「大きな影響が出ている」と回答した企業が三一・〇%、「多少の影響が出ている」との回答が二〇・〇%、「今は影響が出ていないが今後、多少影響が出そうだ」との回答が二〇・〇%となった。

この回答結果から、飲食業の約半数の企業ですでに影響が出ている、つまり、売り上げが減少していることがわかる。

飲食店にとって、客単価の高い夜の宴会の客入りは売り上げに大きく影響する。新型コロナウイルスの感染拡大を受け、宴会需要も大きく落ち込んでいる。宴会のドタキャンも相次いでいる。予約が入らないのもきついが、予約のキャンセルはさらにきつい。「新型コロナに感染するのが恐いから」とか「参加者が新型コロナにかかったから」などの理由で予約をキャンセルする人が増えているのだ。

たとえば、五〇〇〇円のコース一〇名分の予約がキャンセルされた場合、売り上げの面では五万円の損害だ。しかし、損害はこれだけに留まらない。宴会となれば、大抵は追加オーダーもある。そのため、店側はコース分の食材以外にも、追加オーダーに対応できる分の食材も仕入れておく必要がある。仮に、大人数の予約で貸し切りとなり、それがキャンセルされた場合、もしも出勤スタッフを増やしていれば、その分の人件費も余分にかかるし、貸し切りにしていなければ計算できた売り上げも得られない。飲食店にとって、直前のキャンセルはかなりの痛手になり得るのだ。

特に三月、四月は送別会や歓迎会シーズンで宴会の予約が増えるかき入れ時だ。すでに送別会の予約キャンセルも増えており、店によっては致命的な打撃になりかねない。

宿泊客激減で宿泊料金が暴落するホテルも

新型コロナウイルスの感染拡大は、旅行関連業界へも深刻な影を落としている。日本旅行業協会によると、二〇二〇年一月末から三月末までの間で中国人団体旅行客のキャンセルは、少なくとも四〇万人にのぼる可能性があるという。

この影響で観光地を中心にホテルの宿泊キャンセルが急増し、多くのホテルが大打撃を受けている。宿泊料金も一部で「暴落」している。宿泊予約サイトを覗いてみると、日本有数の観光地、京都で一泊四万円近くする高級ホテルが八割引の一万円足らずで予約可能になっていた。空室にしておくよりは、安くしてでも客を入れる方がよいという判断だろう。

このような状況は当然、京都に限らない。近隣の大阪、奈良はもちろん、北海道から沖縄まで全国で見られる。実は京都、大阪では新型肺炎の問題が発生する以前、二〇一九年頃からホテル客室数の供給過剰が目立ち始めていた。インバウンドによる宿泊需要の急増を受け、近年ホテルに加え簡易宿所や民泊が急増しているためだ。実際、京都、大阪では新築ホテルの開業が相次ぎ、さらに街の至るところで新築ホテルの建設工事が行なわれている。

建設事業用不動産サービス大手のＣＢＲＥによると、主要九都市における二〇一九～二一年開業予定のホテルの開発計画は、一年前の約三万室から二・五倍の約八万室に増加した。供給される新規客室数は、二〇一八年末の既存客室数の二四％に相当する見込みだという。既存客室数に対する新規供給客室数の割合を都市別に見ると、京都が五一％と飛び抜けて高い。ちなみに二位が大阪の三二％、三位が東京で二四％となっている。

京都、大阪では、旺盛なインバウンド需要を追い風に二〇一八年頃までは客室稼働率が九〇％を超えるホテルも多く、宿泊料金も全体的に高騰していた。それが二〇一九年頃から稼働率が低下し、宿泊料金も下落し始めた。一般サラリーマンが出張で利用するような中級（三つ星クラス）のビジネスホテルだと、一泊一万円以内で利用するのは難しくなっていたが、最近では五〇〇〇～六〇〇〇円程度で宿泊できるところも出て来ている。

このように、インバウンド需要で潤った人気観光地を中心に、全国的にホテルの供給過剰が進行しており、新型コロナウイルスの感染拡大がそれに追い打ちをかけているのだ。

中国人を中心に観光客が激減し、百貨店では閑古鳥が鳴く京都だが、ご存じのように京都には静かで落ち着いた雰囲気で過ごせるのが魅力の観光スポットがいくつもある。しかし近年は、訪日観光客の増加で以前とは異なる賑わいを見せていた。その賑わいの反面、京都ならではの風情は少なからず損なわれていた面もある。ところが、新型コロナウイルスの感染拡大が深刻化する中、外国人観光客の姿がめっきり減り、かつての風情を取り戻しているという。そういう意味では、今は人気観光地を訪れるチャンスと言えなくもない。普段は人でごった返す観光スポットを、今ならゆっくりと落ち着いて見て回ることができる。実際、そのような利点をアピールするホテルもあるし、インバウンド需要が激減した今、ホテル側としても日本人の国内旅行客の利用を期待したいところだろう。

しかし、残念ながら日本人旅行客の取り込みは期待できない。感染防止の観点から、国内旅行を自粛する人たちが増加するのだから当然だ。さらに、風評被害によるキャンセル増加も深刻化している。今、全国のホテルや旅館で日本人客から次のような問い合わせが急増している。「私が予約した日に中国人は宿泊するか？　もし、中国人が宿泊するなら予約をキャンセルしたい」。このような問い合わせは、インバウンドの宿泊客がほとんどいないホテルにも寄せられ、キャンセル料の免除を要求する客も増えているという。

相次ぐツアー中止で旅行会社も苦境に

新型コロナウイルスの感染拡大を受け、中国への出張や旅行のキャンセルも相次いだ。二〇二〇年一月、国内最大手旅行会社ＪＴＢは、日本から中国に向かうすべてのツアーの中止を決めた。中止の対象には香港、マカオも含まれる。私は出張などでＪＴＢをよく利用するが、予約などの際に秘書がやり取りする担当者によるとＪＴＢは香港向けのツアーに強く力を入れているそうで、かなりの打撃だという。近畿日本ツーリスト、日本旅行、クラブツーリズムなど、他の旅行会社も相次いで中国方面へのツアー中止を決定しており、各社の業績への影響は避けられない。

主に中国人旅行客を相手にする旅行会社は特に厳しい。近年、中国人客をはじめ観光客数を大きく伸ばして来た沖縄県では、外国人観光客の旅行キャンセルが相次ぎ、観光関連の事業者は大きな打撃を受けている。沖縄県の地元紙『琉球新報』の報道によると、中国人客を主要顧客とする旅行会社の中には、売り上げがほぼゼロになり事業継続が困難になっているところもあるという。また、二～三月にかけてはホエールウォッチングが旬を迎えるが、例年に比べ予約が半減した業者もあるそうだ。

日本国内でも感染者が増加する中、日本人旅行客のキャンセルも相次いでいる。就職を控えた大学生の卒業旅行も、キャンセルが続出している。社会人になるとまとまった休みはなかなか取れないので、春休み中に長期の海外旅行を計画する学生も多い。学生本人が感染を恐れキャンセルするケースもあるが、本人に行く気があっても心配した親に説得されて断念するケースもあるようだ。例年に比べ、ゴールデンウイークなど大型連休の予約申し込みも鈍いといい、今後の感染の広がりによってはゴールデンウイークや夏休みなどのかき入れ時さえも売り上げが伸びない状況も考えられる。

航空会社も運休・減便

国内航空会社も深刻な影響を受けている。二〇二〇年二月には、全日空（ＡＮＡ）と日本航空（ＪＡＬ）が新型コロナウイルスの感染拡大に伴い、武漢、北京など一部の中国国内への国際線運航便について三月二九日までの一時運休と減便を決定した。

影響は国内線にもおよぶ。両社は、二月二八日～三月一九日搭乗分の国内線のすべての航空券について、変更や払い戻しにかかる手数料を無料にすると発表した。コンサートなど各地でイベントが中止になり、航空券を購入した客からの問い合わせに対応を迫られた形だ。

二〇二〇年三月五日付の日本経済新聞によると、同年三月のＡＮＡとＪＡＬ

両社の国内線全体の予約数は前年同月比で四割減少しており、両社共に国内線の減便を発表した。両社とも、米中貿易戦争に伴いビジネス客の利用が減ったことで、二〇二〇年三月期の業績予想を下方修正している。

ただし、今回の新型コロナウイルスの感染拡大の影響は反映されていない。中国便だけであればまだしも、感染拡大が長期化した場合、北米、欧州など他の路線にも運休や減便が広がる事態になれば業績のさらなる下方修正は必至で、赤字転落も視野に入る。日本に限らないが、経営体力のない航空会社の中には今後、破綻に追い込まれるところも出て来るだろう。

そうこうしているうちに、英国の航空会社で欧州近距離最大手のフライビーが三月五日、新型コロナウイルスの感染拡大に伴う利用客の減少で経営破綻したというニュースが飛び込んできた。旅行、航空会社が直面している厳しい現状が浮き彫りとなった。

自動車工場も操業停止

製造業への影響も甚大だ。特に自動車産業は裾野が非常に広く、その影響は国内経済全体に波及しやすい。新型コロナウイルスの感染は、日本企業が中国現地に持つ工場生産を直撃した。感染の震源である武漢市（湖北省）をはじめ、近隣の工場は操業停止に追い込まれた。

実は、湖北省には自動車関連の工場や拠点が多く集まる。ホンダは武漢市に三つの工場を持ち、日産自動車は湖北省に一つ、河南省に二つの工場を持つが、現地当局による休業期間延長などの指導もあり、再稼働の目途が立たない状態が続いた。また、日野自動車は湖北省にある取り引き先からの部品調達の目途が立たず、広州にあるトラック工場で予定していた生産再開を延期した。湖北省など感染拡大が顕著な地域以外の工場については生産を再開したところもあるが、生産レベルは低くフル稼働には程遠い状態だ。

影響は中国現地に留まらず、国内生産にもおよぶ。日産自動車は、子会社の日産自動車九州の工場や栃木工場で稼働を一時停止した。中国からの部品供給が滞っているためだという。車部品の中国からの輸入が非常に多いのだ。

どうなる？　日本経済

事態は、いよいよ緊迫して来た。政府は二〇二〇年二月二六日、感染拡大を食い止めるため、二週間（その後三月一〇日に一〇日間の期間延長）の大規模イベントの中止や延期を要請した。要請に法的根拠はないものの、企業や自治体などは続々と対応に動いた。プロ野球は二月二九日から三月一五日までのオープン戦について、全試合を無観客試合にすると決めた。東京国立博物館は二月二七日から三月一六日まで臨時休館とした。観客の歓声による、飛沫感染リスクの高い音楽イベントも中止が相次いだ。

より切実なのが、就職活動への影響だ。就職情報大手のマイナビ、ディスコ、リクルートキャリアは、いずれも合同企業説明会の中止を決定した。

企業活動も大企業を中心に自粛の動きが広がる。日清食品、ユニ・チャーム、パナソニックなど多くの企業が数千人規模で在宅勤務に切り替えた。三菱ケミカルは、国内の全従業員に対し国内外の出張を原則として禁止した。三菱ＵＦＪ銀行も海外出張に加え、宿泊を伴う国内出張についても原則禁止とした。日本経済新聞が二月二七日に実施した主要企業への緊急調査によると、約五割の企業が原則または一部で在宅勤務に切り替えた。また、歓送迎会や宴席については約八割の企業が原則または一部で自粛としている。

二月二七日には安倍首相が全国すべての小中学校、高校、特別支援学校に対し、三月二日から春休みまでの臨時休校を要請した。翌二八日には北海道が「緊急事態宣言」を出し、週末の外出を控えるよう呼びかけると、翌日の札幌市中心部では人の姿がまばらで閑散とした状態になった。

経済活動への混乱が広がる中、マーケットも大荒れとなった。ニューヨークダウは二月二八日まで七日続落となり、週間の下落幅は三五八三ドルと、二〇〇八年のリーマン・ショック時を上回り、過去最大の暴落となった。週間下落率は一二％を超え、一九八七年の「ブラックマンデー」発生時の一三％安に匹敵する記録的な暴落だ。日経平均株価も週間の下落幅は二二四三円に達し、その間の下落率は九・六％となった。この週間下落幅は、リーマン・ショック直後以来の大きさだ。

暴落はこれで収まらなかった。OPEC（石油輸出国機構）とロシアとの追加減産協議が決裂したことに加え、なんとサウジアラビアが増産方針に転じたことで原油相場が暴落。WTI原油先物は、わずか一日で一バレル＝四〇ドル前後から三〇ドル前後に下落した。

三月九日の東京市場では、日経平均はついに二万円を大きく割り込んだ。

このように世界的に感染拡大が続き、経済活動の停滞懸念が強まる中、わが国については景気後退入りも視野に入る。多くのエコノミストが今回の感染拡大を踏まえGDP成長率を予測しているが、経済の混乱ぶりを考えると合理的な予測はほぼ不可能と言ってよい。

思いの外、早く終息する可能性ももちろんあるが、影響が長引いた場合、経済はどこまで落ち込むのか誰にもわからない。その恐怖がマーケットを支配しているからこそ、異常なほどの株価暴落が起きた。

ほぼ確実に言えることは、大企業に比べ、相対的に経済基盤の弱い中小企業や零細企業を中心に、倒産する企業が大幅に増えるということだ。日本企業の九九％以上は中小企業であり、日本の労働者の七割が中小企業で働く。まさに日本経済を支えているのは中小企業であり、多くの中小企業が行き詰まれば日本経済が行き詰まるのは自明の理だ。

残念ながら、日本経済が相当厳しい局面を迎える可能性は高まっている。

第二章　鼓動が止まる世界の人的移動

——このまま行くとアメリカも日本人の入国拒否

スペインかぜの死者は五〇〇〇万人〜一億人

「スパニッシュ・レディ」――すなわち「スペインの貴婦人」をご存じだろうか？　貴婦人と言っても実はとんでもない悪女なのだが、この貴婦人、かつて一世を風靡したことがある。

一九一八年、ソビエト共産党機関紙プラウダの特派員は、ロシアのある町から「これからイスパンカ（スパニッシュ・レディ）町に入る」と伝えている。それほど世に名高い美人だったのか？　いやいや、そうではない。「スパニッシュ・レディ」とは、美人とは程遠い「スペインかぜ」のことである。

スペインかぜと言っても、あまりご存じない読者もいることだろう。一九一八年から一九年にかけ全世界的に大流行したインフルエンザの通称である。感染者五億人、死者は五〇〇〇万〜一億人とも言われ、当時の世界人口は一八〜二〇億人であると推定されているため、全人類の三割近くがスペインかぜに感染したことになる。アメリカ疾病予防管理センター（ＣＤＣ）によるインフルエンザ・パンデミック重度指数（ＰＳＩ）においては、最悪のカテゴリー５に分類されている。本章では主に、このスペインかぜ当時の様相を再現し、感染症流行時における人の移動がいかに恐ろしいかをお伝えしたい。

このスペインかぜだが、実は感染源はスペインではない。それどころか、アメリカ、北フランス、中国という三つの説がある。まずもっとも有力とされるアメリカ説であるが、一九一八年一月にアメリカ・カンザス州ハスケル郡でインフルエンザのような病気が小規模ながらも発生していたことを伝えており、これが同州軍事基地での流行に繋がったというものだ。次に北フランス説だが、これはフランス北部の海岸・エタプレスにあるイギリス軍基地が始まりだとするものだ。ここでは一九一六年に、すでに患者の顔色が青くなる膿性気管支炎の流行が報告されていた。最後に中国説。中国の山西省で一九一七年に深刻な呼吸器疾患が流行しており、この中国の労働隊がカナダを経由してヨーロッパに送られたことでスペインかぜとして広まったという説だ。

どれが正しいのか、いまだに判明してはいない。しかし、スペインではないことは確かだ。なのになぜ、「スペイン」の名が付けられたかというと、当時は第一次世界大戦のさなかであり、戦争当事国においては当然厳しく情報は統制されていた（仏英露独伊、さらには米国などほとんどの主要国は参戦していた）。そんな中、スペインは中立国であったため情報統制がされておらず、まずスペインでの流行が大きく報じられたため、この名前が定着してしまったのだ。

異様な併発症——失聴・失明そして窒息

「かぜ」と呼ばれているが、この疫病はなんとも厄介なものだった。二日間の潜伏期をおいてまず咳が出始め、その後、痛みが目の奥や耳の中、あるいは腰に来る。間もなく、眠るような麻痺に襲われ、熱が出て、しばしば四〇度にもなる。脈が弱く不規則になり、患者の舌は厚く覆われて、固い食物はのどを通らなくなる。のど・頭などすべての器官の繊維質が、なんとも言えない痛み方をする。ある患者は、口や鼻から分泌物を流し続け、塩素ガスにやられたように見えた。一時的に聴覚を失う患者や失明する患者もいた。そして、死亡原因はガス攻撃にさらされたような形での窒息であった。肺胞におけるたんぱく浸出が、酸素を供給する毛細血管の役割を阻止していたのである。このような異様な併発症を示す疫病が、一九一八年初頭から広がり始めたのだ。

一九一八年二月、スペイン北部海岸のサン・セバスチャンで、この疫病は評判になっていた。夏の避暑客が来なくなってしまうことを恐れた町の指導者たちが、その話を懸命にもみ消した（今回の新型コロナウイルスにおける中国当局の初動を思い起こさせる）。

しかし、スペインの公衆衛生監視院の院長だったマルティン・サラサール博士が、この伝染病は感染した北部からの旅行者がマドリードに持ち込んで広がったことを明らかにしたことで、もう隠しようのない事実となってしまった。

疫病はまず、首都マドリードで広がった。市民の三分の一がかかり、いくつかの役所が閉鎖され、電車も止まった。そう、感染症においては人が集まることは危険だし、人の移動も危険なのだ。だからこういう措置を取ったわけだが、それでも首都がやられれば、当然全土に広がる。八〇〇万人ものスペイン人がこの疫病に倒れた。国王アルフォンソ八世も病床に臥《ふ》し、スペイン紙「エル・ソル」は大見出しでそれを伝えた。

ほとんど伝えられることはなかったが、先に述べたように実はスペインかぜはスペイン以外でも同時進行的に拡散していた。たとえばアメリカ。一九一八年三月、米カンザス州の軍事基地で感染が確認されているが、同月にはやはりカンザス州の約八〇〇〇ヘクタールの開拓地で、実に一一〇〇人がこの疫病で倒れている。しかし、この段階であまり伝えられることがなかったことが明らかに災いした。数ヵ月後、秋になると世界的な爆発的感染（パンデミック）は、もう手の付けられない状態になっていた。

一九一八年九月二四日。フランスの国会で一人の議員が海軍大臣ジョルジュ・レイゲスを追及していた。フランス北部のブレストとロリアンで四五〇人もの若い水兵が、スペインかぜで無残に死んで行ったことの責任を問うたのだ。「病人と隔離されないで、一緒にされたことを言っているのです。その責任は誰にありますか」。海軍大臣は答えた「できるだけのことはしました。四月の状況は、今日の状況に比べますと、はるかに悪かったのです」。それに対する議員の反論は、海軍大臣の言葉を粉砕するものだった。「四月には、死ぬ者は月に五人か六人だったのです。それが今や、一日に五人あるいは六人ですぞ」。

そう、一九一八年の春から秋にかけて、スペインかぜは熱帯低気圧から超巨大台風に変化してしまったのである。

鉄道と船が爆発的感染を引き起こした

「感染者は隔離する、移動させない」——これが感染症対策の鉄則である。しかし、様々な理由を付けてこれが守られなかった。それが、爆発的感染を招くこととなった。たとえばカナダでは、カナダ太平洋鉄道の仕事熱心な鉄道マンのお陰で数日のうちに東海岸から西海岸まで、スペインかぜはバラ撒かれた。

担当鉄道マンは、東海岸のケベックから西海岸のバンクーバーまで、帰還兵を送り届ける任務を命じられていた。軍司令部の守衛は、疫病発生のため隔離しているから輸送はダメだとさえぎったが、仕事熱心な鉄道マンは司令室の当直将校にかけあって輸送許可を得てしまう。

東から西への帰還兵の旅は、地獄の旅となった。兵士たちはボーリングのピンのようにバタバタと倒れて行った。そのため、列車は途中駅で一両または数両の車両を切り離して、倒れた兵士と共に途中駅に残されて行った。こうして、車両が残されて行った各地でスペインかぜは荒れ狂うことになったのである。

このカナダの例は象徴的であるが、感染症の拡大を考えた場合、鉄道は危険である。当時、アメリカでスペインかぜ対策を担っていた北米公衆衛生協会特別委員会の決議は、予防のための行政方針の中で鉄道についてこのように記している。「小都会に於ては一時運転を中止せしめ住民全部の徒歩を強ゆるも可なり」。ここでは「小都会」となっているが、ヨーロッパではベルリン・スウェーデン間の鉄道もスペイン・ポルトガル間の鉄道も完全に途絶えてしまった。

移動と隔離の問題は、鉄道ばかりではない。今回、クルーズ船対応が大きな問題となったが、当時において船は海外移送の主役である。ここでの対応の誤りは、甚大な影響をおよぼした。

当時、イギリスの植民地だった西アフリカのシエラ・レオネ。一九一八年一〇月、このシエラ・レオネの首都フリータウンに、イギリス軍輸送船マンチュア号が入港した。スペインかぜに感染している患者を乗せていたのだが、当然、感染者は上陸させずに隔離しておかなければならなかった。しかし、シエラ・レオネの行政当局は、なんの取り締まりもせず感染者の上陸を許した。これは、イギリスの植民地相代理として駐在していたエドワード・エブリンが「イギリスの艦船は当局の取り締まりを受けるいわれはない」と主張したためだった。これが原因となって、フリータウンにはスペインかぜが吹き荒れ、死者は二〇〇〇人にも達した。

私が世界でもっとも魅力的な国だと思っているニュージーランド。他の先進国とは遠く離れた（オーストラリアとでさえ二〇〇〇キロも離れている）美しい自然溢れる国。しかし、この国もスペインかぜにやられた。これもまた、船と隔離の問題である。

一九一八年一〇月一二日、蒸気船ナイアガラ号はニュージーランドのオークランド港に着こうとしていた。この船は、大変なお客を乗せていた。一人は、時のニュージーランドの首相ウィリアム・マッセー。そして、多くのスペインかぜ感染者である。着岸予定の前日、ジョン・ロルス船長は、海軍省情報士官に至急電を打った。「船内にスペインかぜ発生の旨、保健局に連絡されたし。患者数は日々増大しつつあり、現在一〇〇人以上」。本来なら当然、いかに隔離するかが検討されてしかるべきである。

しかし、この問題を話し合ったオークランドの地方衛生官トーマス・ヒューズ博士と保健大臣ジョージ・ラッセルは、首相を隔離することに抵抗があったのだろう。ヒューズ博士はラッセル保健相にこう伝えた。「ナイアガラ号の死者は昨夜一人。これはインフルエンザから気管支肺炎を併発したもので、病気はあくまで〝ただのインフルエンザ〟である」。これを受けて、ラッセル保健相は決断した。「船は隔離解除されて然るべし」。二人は「〝ただのインフルエンザ〟で社会に危険をもたらすものではない」という点で合意した。首相を解放するために、事態を軽くみたかったのだろう。

しかし、それが仇となった。これにより、感染者はニュージーランドの街に野放しにされ、わずか一ヵ月後、感染者は爆発的に広がって行ったのである。

実はこのナイアガラ号、感染を広めたのはニュージーランドばかりではない。一〇月九日、当時イギリスの植民地であったフィジーに寄港しているのだが、時のフィジー総督ロッドウェル卿もその下の医療局長もニュージーランドの関係者以上にお粗末だった。この時も当然、隔離を進言する者はいたのだが、その返答はこれだった。「もし、インフルエンザがドイツにもアメリカにもおよんでいるのなら、どうしてフィジーに来るのを食い止めることができよう」。

こうして、ナイアガラ号が寄港した際には、誰も乗客たちの上陸を止めようとする者はおらず、間もなくフィジーの一〇〇の島では八〇〇〇人以上の死体が道端に積み上げられた。

三人寄れば集会とみなされ解散命令

感染拡大を防ぐためには、至難なことであるが感染者を隔離して接触しないこと。感染者に近づかなければ感染症にはかからない。では、スペインかぜの時代にそれに成功した地域はあったのか？　ないことはない。ただ、「ないことはない」という、そのレベルである。

たとえば、ナポレオンが六年間幽閉されたことで有名な南太平洋のセント・ヘレナ島。ここは感染からまったく免れている。それから、サンフランシスコ湾のエルバ・ブエナ島。ここには合衆国海軍訓練所があったが、所長が九週間の完全隔離を行なっている。あらゆる自由を禁止し、飲料水は一時間ごとに熱風消毒、新入りの訓練生には、互いに六メートル以上相手に近づくことを禁じていた。あと一ヵ所、完全に免れたところとして挙げられるのは、ニュージーランド北島のコロマンデルである。ここでは自警団が、他の社会との接触を完全に断っていた。いずれも、常軌を逸しているように思えるが、非常事態に対応するのだから、常軌を逸しなければ勝利は不可能だ。

それくらいやっても難しかったのだ。今回、ロシアが武漢からの帰国者を隔離したシベリア（詳しくは第七章で後述）。隔離に適した（？）そのシベリアで一九一八年一〇月四日から三ヵ月間、厳しい隔離措置が取られたのだが、結果的にはその隔離網を病魔は打ち破っている。

そこまで徹底した特殊なエリアでなくても、相当な規制がかけられた。先にも取り上げた、北米公衆衛生協会特別委員会の決議によれば、予防のための行政方針として、「本病は主として公衆の集合に関係深きを以て次の項は特に必要なる事項とす」とした上で、「公衆の集会場を閉鎖すること」を挙げている。集会場閉鎖である。それればかりではなかった。一九一八年一〇月の後半には、すでに多くの町で、三人寄れば集会とみなしていた。住民わずか九〇六人の小さな町、オハイオ州のジョンズタウンでは、監視員が通りをパトロールして、お喋りをしている人を見つけるとすぐに解散させていた。

集会場や図書館、ホテルやバーが閉鎖されたのはわかるにしても、意外なものも閉鎖された――公衆電話ボックスである。五〇代以上の中高年層の方は、そのありがたみを思い出したことだろう。外出先から急ぎの連絡を入れることができる唯一の手段、それが公衆電話だった。とりわけ、スペインかぜ当時はその価値は貴重なものだったが、感染源になりやすいとの理由で錠を掛けられて閉鎖されてしまった。

世界が一体となった今は、一九一八年以来の大蔓延危機

イギリスのジャーナリスト、リチャード・コリヤー。彼が著した『インフルエンザ・ウイルス　スペインの貴婦人――スペイン風邪が荒れ狂った一二〇日』という本の巻末に、予言的な非常に興味深い文章が掲載されている。「スペイン風邪は、再び起こり得るのか?」という問いに対する回答がそれだ。

この大疫病を引き起こしたウイルスは、いまだに豚の中に存在していると考えられているから、ほとんどのウイルス学者は、起こり得ると考えている。スチュアート・ハリス教授はこういっている。「この脅威が、これまでと同様に現在も、現れてくる新しい変異体に対する絶えざる監視を必要とするゆえんである」。また、クリストファー・アンドリューズ卿は「まだまだ、大疫病が襲ってきて、何百人もの犠牲者が出る可能性は消えていない。ウイルスの変化は、まだ、完全にわかっていないのだから」といい、ジェオフェリー・シルド博士は「もし、中国大陸で七面鳥の世話をしている人が、その一羽から、ある種のインフルエンザ・ウイルスを受け入れ、一方で、人間から別の種族のインフルエンザ・ウイルスを受け入れれば、彼は容易に、新しい変異体の発生体になり、新たな疫病の発生源になり得る」といっている。

一九五七年以来、二つの大きな流行性感冒は、いずれもＷＨＯと緊密な連絡を持っていない中国本土から起こっている。それらのウイルスを最初に報告したのは、いずれも、香港にいるＷＨＯの連絡員だが、香港は、今日のようにジェット機で結ばれていなければ、世界のあらゆる首都から遠く離れているともいえよう。しかし、今や、ジェット機によって、十八時間あまりでニューヨーク、十六時間でロンドン、十五時間半でパリ、十二時間でローマ、十四時間でマドリッドと結ばれているのである。

したがって、ＷＨＯの警戒にもかかわらず、思いもよらぬ旅行者に潜んだ今日の「スペインの貴婦人」が、ある朝、一斉に、ケネディ空港、ヒースロー空港、オルリー空港、あるいはレオナルド・ダ・ヴィンチ空港に着陸し、入国管理にも衛生管理にもまったく引っかからずに通過することは、十分に起こり得ることである。

（『インフルエンザ・ウイルス　スペインの貴婦人――スペイン風邪が荒れ狂った一二〇日』リチャード・コリヤー著　清流出版刊）

本書が世に出されたのは一九七四年であり、ここでの「二つの大きな流感性感冒」とは、一九五七年のアジアかぜ（アジアインフルエンザ）と一九六八年の香港かぜ（香港インフルエンザ）を指す。アジアかぜは、一九五六年に中国南西部で発生して、翌一九五七年から世界的に流行した。死者は世界で一〇〇万人を超えた。香港かぜは、一九六八年の六月から七月に香港で猛威を振るったが、その前に中国雲南省でインフルエンザ様疾患の流行があり、このあたりが香港インフルエンザの起源ではないかと考えられている。

こうして改めて、アジアかぜ・香港かぜについて記して行くと、「ああ、あれも中国が発生源だったんだ」と気付かされた。今回の新型コロナウイルスももちろんそうであるし、二〇〇二年から〇三年にかけて猛威を振るった「ＳＡＲＳ（重症急性呼吸器症候群）」も中国広東省からである。

一旦、中国のことは置いておくとして、もう一つここで右の本を受けて警告しておこう。スペインかぜの当時より、はるかに世界が結び付くようになった一九七四年に書かれた右の本に「ＷＨＯの警戒にもかかわらず、思いもよらぬ旅行者に潜んだ今日の『スペインの貴婦人』が、ある朝、一斉に、ケネディ空港、ヒースロー空港、オルリー空港、あるいはレオナルド・ダ・ヴィンチ空港に着陸し、入国管理にも衛生管理にもまったく引っかからずに通過することは、十分に起こり得ることである」とあるが、これは世界が一体となった今日では、さらに警戒すべき脅威となっている。今回の新型コロナウイルス感染拡大に関して、米ハーバード大学の公衆衛生学教授のエリック・ファイグルーディン博士は、まさにそのことを指摘して「われわれは一九一八年以来の大蔓延に直面している」と警告している。だからこそ、感染拡大が疑われるような人の流れは絶たねばならない。

しかし、日本政府の対応はおよび腰ではなかったか。「新型肺炎で世界に知れわたる安倍政権の中国への忖度　自国民の生命保護よりも中国への外交配慮を優先？」――基本的に安倍政権には好意的だった在米ジャーナリストの古森義久氏は、二月二六日付ＪＢ ｐｒｅｓｓで安倍政権の姿勢を厳しく糾弾した。これは、古森氏の個人的見解ではない。日本政府の対応の問題点は、ワシントトン・ポストなどの米国マスコミや識者からも指摘されている。

具体的に初動を確認しよう。日本政府は一月二三日、中国から日本に到着した旅行者たちの体温を測定する器具を使用し始めた。だが、新型コロナウイルス感染が始まった湖北省からの来訪者の日本入国を禁じる措置は、二月一日までとらなかった。アメリカ政府はすでにその前日の一月三一日から、過去二週間以内に中国に滞在していたすべての外国人の入国を禁じていた。その結果、その時点までに日本には湖北省からの旅行者がすでに数千人も入国していた。その中には、明らかに新型コロナウイルス感染者たちが含まれていたのだ。

日経ビジネス・ニューヨーク支局長の池松由香氏も、同様の見方をとる。三月三日付日経ビジネスで、「その後の感染拡大を左右した日米政府の決断」の小見出しに続けて、先の古森氏と同じ指摘をし、トランプ大統領の「この決断が米国での感染を諸外国に比べて大きく遅らせた」という発言を紹介した上でこう述べる――「(トランプ大統領は) 感染の早期終息のために必要なことを言い、実践しているように見えた。米国に在住する者として『妥当だ』と感じるのだ」。

逆に言えば、安倍政権の対応は、日本で暮らす私たちにとって「妥当でない」と感じた。だから、支持率が急落したのだ。

「封鎖できません！」

かつて『踊る大捜査線』という映画の中で、「レインボーブリッジ、封鎖できません！」というセリフがあった。二〇〇三年の作品だが、大ヒットした映画だったから、このセリフを記憶されている読者も少なくないだろう。

今、レインボーブリッジならぬ、中国・武漢市を中心とした湖北省、イタリアの北部ロンバルディア州で、地域の交通網を断つ「事実上の封鎖」措置が取られている。今後、もし感染が拡大した場合、日本でも「封鎖」は行なわれるのだろうか？　三月三日付日経ビジネスが、それに明確に答えてくれていた。日経ビジネス記者が、内閣官房で国際感染症対策調整室企画官を務める野田博之氏に尋ねたのだ。その驚きの後半部分をそのまま引用しておこう。

（記者）交通封鎖をするとしたら、それを指示するのは政府なのでしょうか。それとも自治体の首長による発令なのかを教えてください。また封鎖の範囲などはどの単位となるのでしょう。

（野田氏）都道府県知事になります。どの地域になるのかは知事の判断によりますが、患者のいる場所や病原体に汚染されたとおぼしき地域の交通を制限・遮断することができます。ただし、七二時間以内という時間の制限があります。人権上の問題もあるので。

（記者）七二時間！　武漢市は一カ月以上事実上の封鎖状態ですが、日本では三日間が限界なのですね。中国では警察などが交通制限していますが、日本では誰が担うのでしょうか。

（野田氏）感染症法は一九九九年に施行されましたが、交通制限の措置を取ったケースはまだありません。なので、誰が担うのかは正式に決まっているものではないと思いますが、都道府県や保健所の職員になるのではないかと思います。（日経ビジネス二〇二〇年三月三日付）

「嗚呼」である。日本では封鎖はできないのだ。やって、せいぜい三日。それでは感染拡大を防げるわけがない。しかも、政府や首相が責任を持つ話ではなく、都道府県知事の責任下で、である。その上、誰が担当するかも判然としていない。保健所の職員かもしれない、というのだ。これでは、本当に感染が深刻になればわが国はオシマイである。なんとお気楽な国家なのだろう。

緊急事態が発生したら、中国もアメリカも人権無視だと言われようとも、なんらかの措置を断行する。それができない国は、いつか必ず緊急事態に負ける。そして、国家はメチャクチャになり、外国からの信頼も失う。

今回の新型コロナウイルスでそうならないことを祈るばかりだが、アメリカが日本人の入国を拒否することになってもなんらおかしくない（いや、本書が出る頃にはすでにそうなっているかもしれない）。日本は、感染拡大を国家の力で封じ込めることはできないのだから。

第三章

東京オリンピック中止の衝撃と逆経済効果——安倍政権崩壊と大不況

窮地に立たされた安倍政権

憲政史上最長記録を更新している安倍政権が、いよいよ崖っぷちに追い詰められている。今回の新型コロナウイルスは各国の政治・経済の根幹を揺るがしているが、日本もその例外ではない。むしろ日本は、もっとも影響を受けている国の一つである。

振り返ってみると、安倍政権が誕生したのは二〇一二年の一二月のことである。それから〝アベノミクス〟が始まり、その中核を支えたのはなんと言っても翌年二〇一三年に提示された「大胆な金融政策」「機動的な財政政策」「民間を喚起する成長戦略」を一括りにした「三本の矢」である。この効果によって、株価や経済成長、企業業績、雇用など多くの経済指標で著しい改善がみられたとされている。

しかし、その背景にある重要な要因を見過ごすことはできない。それは、二〇一三年九月七日にブエノスアイレスで行なわれたＩＯＣ（国際オリンピック委員会）総会で東京でのオリンピック開催が決まったことだ。安倍政権は極めてタイミングが良い時期に誕生したと言える。それは、ちょうどオリンピックの経済効果が発揮される時期と被っているのだ。

確かに、安倍政権になり市場に大量のマネーが供給され、株価は上昇した。放漫財政として後々批判を浴びることになるだろうが、ひとまずは大胆な金融政策、機動的な財政政策の賜物と言ってよいだろう。

しかし、一番重要なはずの民間を喚起する成長戦略は、政策の中にはまったく皆無であった。シリコンバレーのような革新的な技術を持つ会社は生まれず、ＧＤＰ成長率も伸び悩んでいる。一方、世界全体は拡大を続けており、アメリカや中国のＧＤＰ成長率と比較すれば雲泥の差である。本来であれば、非難が集まっても不思議はない。

ところが、オリンピック開催の経済効果によって、その弊害を見事に穴埋めすることができ、様々な経済指標が著しく改善したのである。実態はハリボテの政権のはずが、オリンピック効果によって見事にお化粧が施され、それによって安倍政権は憲政史上最長という、華やかな記録を打ち立てることができたと言っても過言ではない。

その順風満帆に進んで来た安倍政権に今、強烈な逆風が吹き荒れている。新型コロナウイルスである。まず、その未知のウイルスに対する初動の対応を完全に誤った。それによる不平・不満は数多く、すでに安倍政権の存続を揺るがしつつある。加えて、その新型コロナウイルスによって東京オリンピックの開催までが危ぶまれているのだ。

思い起こせば一九四〇年、幻となった東京オリンピックも中国「武漢」が関係している。一九三八年日中戦争の真っ只中の六月に〝武漢攻略戦〟を決行した。しかし、そこまで兵站《へいたん》を伸ばしたことで日中戦争は泥沼化。翌月七月には戦争の長期化を理由に東京オリンピックを返上している。

どうも日本にとって〝武漢〟は鬼門なのかもしれない。いずれにしても東京オリンピックが開催できないとなると、これまでお化粧して着飾っていたものがすべて剥がれ落ち、見栄えの良い経済指標は途端に悪化し、元々ハリボテだった安倍政権は崩壊を迎えるだろう。その時、これまで安倍政権が行なって来たバラ撒きのしわ寄せもやって来るに違いない。そうなれば日本は未曽有の経済危機に陥るだろう。

では、東京オリンピックと新型コロナウイルスに焦点を当てて見て行きたい。

地獄へようこそ⁉

今から四年前の二〇一六年七月、オリンピック開幕まで一ヵ月と迫ったブラジルのアントニオ・カルロス・ジョビン国際空港（リオデジャネイロ）では異様な光景が見られた。オリンピックの使節団を歓迎するはずの横断幕にはなんと〝WELLCOME TO HELL〟の文字が。訳すと〝地獄へようこそ〟。

横断幕を掲げていたのは、本来市民を守るはずの警察官。なぜこんなことになったのか。横断幕の下の部分には、〝警察と消防士には給料が払われていない。

だから、リオデジャネイロに来る人は何人たりとも安全ではない〟という、脅しともとれる説明書きがされていた。しかも、横断幕の目の前には殉職した警察官に見立てたマネキンも置かれるといった手の込みようで、使節団またはオリンピック関連を含めた観光客の度肝を抜いていた。州による警察や消防士、その他公務員の給与支払いが滞っていたためストライキが断行されたのである。

治安に目を移すと、ブラジル国内の二〇一六年第一4半期の殺人事件の発生件数は、前年比で一五％も増えている。横断幕が掲げられた七月初旬には、オリンピック関係者が狙われ襲撃される事件が起きたのである。

幸いストライキ後、州政府は連邦政府から緊急支援を受け、未払いの公務員にきちんと給与が払われ、ひとまず地獄から解放されたリオデジャネイロでオリンピックは無事開催された。ＩＯＣ（国際オリンピック委員会）にとって、ヒヤヒヤのオリンピック開催であったに違いない。

よく、オリンピックは決まった時はいきなり景気が良くなり、にわかに経済効果が出るが近づくにつれその勢いは収まり、終わったあとにはその反動から逆に景気が悪くなると言われている。ブラジルはまさにその通りで、景気が悪くなり始めたのがすでにオリンピックの前だった。ブラジルの景気が明確に落ち込んだのは二〇一五年と二〇一六年の二年で、このいずれの年も実質ＧＤＰがマイナスとなっている。

そして四年後の二〇二〇年の東京オリンピックは、日本という先進国での開催だからＩＯＣは何の心配もしていなかっただろう。少なくとも、ついこの間まではＩＯＣにとっての誤算は、ブラジルと似た状態がこの先進国の日本で起こりそうになっていることだ。

今度は、空港で誰かが〝地獄へようこそ〟といった横断幕を掲げているわけではない。ところが各国選手たちは、経済が悪化したブラジルの町リオデジャネイロの治安以上に、日本の現状に恐れおののいていることだろう。すでに日本に来ている選手は「もっとぎりぎりまで、日本に来るのを待った方がよかった」と思っているかもしれない。まだ来ていない選手は、「本当に東京オリンピックは開催されるのか？」という疑問を胸に渡航の時期をいつにしようか悩んでいるかもしれない。もちろんこれは、現在の新型コロナウイルスによる影響の話で、感染を抑えこむことができず拡大が続く日本に対して、各国が冷ややかな視線で眺めているわけである。そして、ＩＯＣは思っていることだろう、「（ブラジルも一筋縄では行かなかったが）日本よ、お前もか！」と。

ダイヤモンド・プリンセス号の悲劇

新型コロナウイルスの対応で、各国が日本に冷ややかな視線を送り始めたのは、「ダイヤモンド・プリンセス号」の対応を開始した二月初旬のことである。それまでは、日本はどこかこの疫病に対してかなり他人事であった。

希望者を帰国させるため、発生源とされている中国湖北省の武漢に各国に負けず劣らずの素早さでチャーター機を飛ばした。その際、行きの機内にたくさんの防護服やマスクなどの支援物資を積んで行った行為は、中国のネットユーザーの心を打ち、感謝の言葉が次々に上がった。

これが一月末の話で、この初動に特に問題はなかった。ただ、チャーター機が戻って来た際、到着した人たちの一部検査漏れが発覚すると、国内では不安の声が漏れた。その後、一定の日数を隔離するための施設として名乗りを上げた千葉県のホテルでは、部屋数不足から一部の人同士が相部屋となり、それにより感染が広がったことで政府の対応にクレームが上がった。

しかし、この頃はまだ国全体では罹患している人数は数えるほどで、クレームはすべて国内に限られ、その件数もわずかであった。依然として日本は、この状況を対岸の火事のごとく捉え、中国が新型コロナウイルスの拡大を抑え込んでくれるのを期待しつつ眺めているだけだった向きがある。もちろん、積極的な水際対策もできていなかったが、それがまだ許される状況だった。

ダイヤモンド・プリンセス号で新型コロナウイルスが初めて問題になったのは、二月一日のことである。五日前に香港で下船した乗客の一人が新型コロナウイルスに感染していると診断されたのだ。そのため厚生労働省は、検疫のためダイヤモンド・プリンセス号の航海を差し止めた。横浜に入港したものの、乗客は下船ができず船内に留め置かれた。そして、その後二日間のうちに検査がされたわけだが、二月五日の朝を迎えるまではまだ船内はクルーズの余韻に浸っていたという。大規模なパーティーではないが、ダンスショーやシアターなどを楽しむことができ、食事も自由にできた。

ところが、二月五日に事態は急転する。検査の結果、感染者が確認されると、海に浮かんだ巨大な空間は野戦病院と化した。いや、表現としては監獄と化したと言った方がよいかもしれない。部屋から自由に動くことはできなくなり、そのまま二週間強制的に軟禁を強いられたのである。交代でデッキに出ることくらいはできたが、下手に船室から出て動けば感染しかねない状況下に置かれ続けた。

その後の結果は、すでにご存じの通りである。連日検査をするたびに感染者数が拡大し、結局下船が開始するまでの二月一八日までで五三一名の感染が確認された。当初、乗客と乗員合わせて三七一一名だったから、率として一四・三％もの脅威的な数字となった。しかし、実際にはもっと多い。二月一九日から検査で陰性が出ている人の下船が認められたわけだが、その時点で三七一一名全員の検査が終わっていたわけではなかった。連日の報道で「なぜ、こんなにちまちまと検査をするのか」と思われた方もいるかもしれない。検査キットや医療スタッフの不足が、その要因として考えられる。ただ、実はそれ以外にも要因がありそうだ。その別の要因については後述する。

さらに、下船してから陰性だったはずの人で陽性に転じる人が出始めた。これほど感染が拡大した最大の要因は、一日の大部分を閉鎖された船舶の中で過ごしたためだろう。そして、これは日本の甘さであるが、せっかく船の上で隔離政策を行なったにも関わらず、それが徹底されていなかったという声もある。

この船内の環境について、ダイヤモンド・プリンセス号に乗船していたアメリカの医師アーノルド・ホップランド氏はウォールストリート・ジャーナルに「我々は、ウイルス培養皿に入れられて感染させられているのと同じだ」と辛らつな言葉を語っている。また、下船者がタクシーに乗りそのまま自宅などに向かった様子を見て、海外のメディアや専門家などからは「信じられない」「船内での隔離政策がうまく機能していなかった様子にも関わらず、下船者のすべてが感染している可能性があるとして対処しないことは理解できない」という声が上がっている。

海外の目から日本政府の対応を見ると、まるで人体実験のようにわざわざ船内で新型コロナウイルスを培養し、十分培養できた時点で今度はそのウイルスを日本全国、いや世界全体にバラ撒いたように映ったのではないだろうか。なんとも恐ろしい話である。だから、慌ててアメリカはチャーター機を出して自国民を送迎したわけだが、アメリカ人乗船者の三二八人のうち、バスで待機していた時にすでに一四人に感染の結果が出ていた。恐れていた事態が発生したわけだ。そして、そのまますべてのアメリカ人下船者をチャーター機に乗せアメリカ本土に飛ぶと、今度はトランプ大統領が「なぜ、健康な乗客と感染者が同じ機内に乗るんだ」「そんな説明、聞いていない」と激怒したのである。

ダイヤモンド・プリンセス号の船籍が、日本ではなくイギリスのため対応策に不自由が出たという話はある。しかし、それを差し引いてもダイヤモンド・

プリンセス号への政府の対応は、極めて悪手の連続であったと言わざるを得ない。そして、そのことによる国内外からの不平・不満は数えきれないほどで、現在の安倍政権の根幹を揺るがしつつある。

このままでは安倍政権は崩壊へ

新型コロナウイルスに対する政府のこれまでの対策のまずさは、支持率低下という目に見える形で現れている。ＮＨＫが公表した二月の内閣支持率は、「支持する」が四五％、「支持しない」が三七％で、特に崩れていない。ただ、この調査が行なわれたのは二月七日～九日で、まだ影響がほとんどなかった時である。その後の他社の調査では、軒並み支持率が低下している。二月一五、一六日に行なわれた共同通信社の調査では、「支持する」が四一・〇％、「支持しない」が四六・一％となっている。続いて日本経済新聞社が二一日～二三日で行なった調査では「支持する」が四六％、「支持しない」が四七％で、二二、二三日で産経新聞社が行なった調査では「支持する」が三六・二％、「支持しない」が四六・七％となっているのだ。三社とも実は前回の調査では「支持する」の割合の方が高かった。それが今回二月の調査では、これまた三社とも安倍内閣を「支持しない」方の割合が高くなっている。新型コロナウイルス対策の失策が、如実に表れた結果と言える。しかも、その後も感染拡大は続いている中で、支持率はさらに落ちていることが予想される。

そしてもう一つ、二月二二、二三日でＦＮＮ（フジニュースネットワーク）が行なった「次の総理大臣にもっともふさわしいと思う政治家は誰か」という世論調査では、石破茂元幹事長が二位の安倍晋三首相に六％以上も大きな差をつけてトップになった。石破氏は二〇一九年一二月の前回調査時もトップであったが、二位の安倍氏とその差は〇・三％と拮抗していたので、ずいぶん差が開いた格好になる。

さて、この調査の中で前回から大きくポイントを落とした政治家がいる。小泉進次郎環境大臣である。小泉氏は二〇一九年四月に行なわれた同じ調査では、二五・九％のダントツのトップで次期首相候補と目される若手のホープであった。ところが今回の調査では八・六％にまで急落しているのである。

この要因の一つには女性問題が挙げられるが、もう一つの要因として二月一六日に行なわれた新型コロナウイルス対策会合を欠席し、代理の人が出席していたことが挙げられる。会合の代理出席自体は制度上、問題ない。ただ、今もっとも優先するべき政府の新型コロナウイルス感染症対策本部の会合をほったらかしにして何をしていたかと言えば、地元の後援会の新年会に出席していたというから、これには野党のみならず与党からも批判や苦言が飛び出した。仮にも閣僚に入り、しかも環境大臣が行なうべき行為ではない。

会合を欠席した大臣は、実は他にも複数いた。それに対して、自民党の森山裕議員は「コロナウイルスの会議に大臣が何人か欠席された。数が多過ぎると思うので、今後大事な会議には自らの出席をいただきたい」と記者団に対して述べている。このような重要な会合を欠席し自身の都合を優先する行為は、長期政権が生んだ弊害の現れではないか。このあたりも安倍政権の支持率低下の要因になっていることだろう。

政府の新型コロナウイルス対策は、今一つ危機感が薄く、のんべんだらりと後手に回っている。それにも関わらず、二月二五日の記者会見で菅官房長官は、新型コロナウイルスに対する政府の対応を「先手先手」と自己評価した。記者が聞き間違いかと「自信を持って言い切れますか」と確認すると、「先手先手だと思う」と繰り返した。まったく、どの口が言うのかとあきれるしかない。

ダイヤモンド・プリンセス号に限らず、日本政府の新型コロナウイルス対策はどこか積極性に欠けている。大規模なスポーツ、イベントなどの中止や延期を政府として求めたのは、すでに感染が拡大を続ける中の二月二六日のことである。それまでの間は、主催者、各団体の独自判断に任せていたのだ。

このように、日本政府が新型コロナウイルスに対して真っ向からがっぷりと四つに組まず後手に回る対応を行なうのにはある理由がある。それは今年最大のイベント、東京オリンピックをなんとか開催したいためである。政府の関心はまさにそこにあり、この東京オリンピックが開催できない事態に陥ればそれこそ日本の信用失墜、ひいては安倍政権の崩壊は免れられないと考えるからだ。

〝そうだ見栄えを良くしよう！〟新型コロナウイルス感染者情報

どういうことかというと、今回の新型コロナウイルス感染拡大によって、東京オリンピック開催に暗雲が立ち込めているのは、まず間違いない事実である。ただ、政府としてはなんとか東京オリンピックが開催できるようにと、裏でこそこそ画策している。その最大の取り組みは、「新型コロナウイルスの国内感染者数を低く抑えよう」としていることだろう。

もちろん、感染拡大を抑制しようとする行為は取られて当然であるが、それとは異なる、単に数が増えないようにする作業も行なっているようなのだ。なんとかして健全な国としての体面を保つのに必死なのである。

方法は二つ考えられる。一つ目は、ダイヤモンド・プリンセス号の乗客・乗員を日本の感染者と別にカウントしたことである。下船しても国内の感染者にカウントするのではなく、乗船したままの形にして日本本土とは別に船ということでカウントしているのだ。これは、日本政府だけの力ではできない。WHO（世界保健機構）が日本と船と二つに分けてカウントしていたため、それにならうようにマスコミ各社に呼びかけたのだ。

では、なぜWHOは二つに分けてカウントしたのだろうか。ここからは想像の域を出ないが、安倍政権がWHOに忖度を促したのではないだろうか。それを憶測させるのに十分な根拠となる出来事がある。

WHOが日本と船の二つに分けてカウントし始めたのは、二月六日である。ちょうどその同じ日、WHOのツイッターで「新型コロナウイルス対応に気前良く一〇〇〇万ドル（約一一億円）を寄付してくれて、日本よありがとう」とつぶやかれた。新型コロナウイルス対応のためにWHOに一一億円の寄付を行なったことは、日本政府も認めている。ただ、なぜこのタイミングで寄付をしたのか。そこを境にWHOが日本と船の二つに分けてカウントし始めたことを考えると、忖度があったと疑われても仕方がないのではないだろうか。

そしてもう一つは、検査件数についてである。ダイヤモンド・プリンセス号の検査について、下船が始まった時に完全に終わっていなかった点はすでに触れた。日本では当初、一日三八〇〇件の検査を行なう処理能力があると言われていた。しかし、二月五日から本格的に検査を開始し二週間経った下船の時に、三七一一名全員の検査は終わっていなかったのである。

もちろん検査はダイヤモンド・プリンセス号だけではないが、それでもあまりにも数が合わない。人手の問題はある。ただ、世界が注目していたわけだから最初の一週間で集中して終わらせてもよかったのではないか。少なくとも下船までの二週間あれば十分足りそうにみえる。

ここで、検査とは実際にどのくらいのペースで行なわれているのだろうと疑問がわく。それを確認すると、二月一八日～二四日の七日間の検査実績で六三〇〇件、一日平均では九〇〇件、なんと処理能力の三割にも満たないのである。この点を国会で〝少な過ぎるじゃないか〟と野党に指摘された際、加藤厚労相は「どうしてそうなっているのか現在調査中」と回答し、三八〇〇件を超える処理能力があり、それを上手く活用して行くことを説明するに留めた。

それに対して、お隣の韓国を見てみよう。韓国はある時を境に感染者数が急増し日本を抜いた。その数を見て韓国は日本よりも感染がひどいと安易に判断してはいけない。そもそも、検査のスピードが異なるのだ。韓国では、毎日なんと七五〇〇件の検査を行なっているという。検査のスピードがまったく異なる。だからそれ以降も、日本ではゆっくりと数が増える中、韓国の数字は急ピッチで増えて行った。

新型コロナウイルス感染者の発表数を抑えることは、根本的な解決策にはならない。ただ、それでしばらく時間を稼げば、やがて春になり感染がピークを打ち、事態が収束すると考えていたのではないだろうか。米大統領のトランプ氏は、二月一〇日のホワイトハウスでの演説で「新型コロナウイルスは四月に収束する」と独自の見解を出していた。二月二六日の新型コロナウイルスに関する緊急記者会見でも同じ見解を述べている。トランプ氏と仲が良い安倍首相が、同じことを考えていたとしても不思議はない。

しかし、小手先の細工で時期を先延ばしすればなんとかなる状態では、もはやないのではないか。時期を先延ばしするために、すべてが後手に回った。それは深刻な政権批判にもつながっている。慌てた安倍首相は、今度は二月二六日、今後二週間のイベント中止要請を行なった。続いて二七日夜、三月二日～春休みまで全国の小・中・高一斉休校を要請した。それに対する会見で、先手先手を打つ方針を強調している。

しかし、突然の発表に現場はパニックとなり、明けて二八日、株式市場が大きく下がったり学校や保護者などから批判が上がったりすると、休校要請は基本的な考え方として示した旨を伝え、「休校は各学校、地域で柔軟に判断してほしい」と現場に丸投げする形をとった。前章でも述べたが、緊急事態に遭ってもわが国では政府や首相が「命じる」ことはできない。最終的には現場まかせにするしかないという、世界に類例のない国家なのである。

収束が見えない状態の中、東京オリンピック開催は不透明であり、そんな中、どう見ても上手く舵取りができていない安倍政権は、やはり崩壊への道を進んでいると言える。

約三〇兆円が水の泡⁉

今年三月一日開催の「東京マラソン２０２０」では、新型コロナウイルスの影響で一般ランナーの参加中止が決定された。それより少し前には、同じ理由で宮内庁は天皇陛下の即位後初めての誕生日となる二月二三日の皇居での一般参賀の中止を発表した。新型コロナウイルスの感染拡大により、安倍首相がイベント中止を要請する前から、各地でイベントの中止や延期が相次いでいる。

安倍首相の要請はそれに拍車をかけ、有名アーティストのコンサート中止も相次いだ。中には東京ドームでのコンサートを当日に中止と発表し、混乱を招いた例もある。東京ディズニーランドと東京ディズニーシー、またユニバーサル・スタジオ・ジャパンも二月二九日～三月一五日の期間で臨時休業を決めた。各地テーマパークや娯楽施設は相次いで同じ対応を決めている。

今後も感染拡大が落ち着かなければ、スポーツやイベントの中止が相次ぐだろうが、今年最大の焦点はやはり七月二四日から始まる東京オリンピックだ。

果たして、新型コロナウイルスはそれまでに収束するのだろうか。前述のようにトランプ大統領は四月に落ち着くと高を括っている。その根拠は、他のウイルス同様に季節性があり、暖かくなれば感染しにくくなるとしている。他のウイルス同様の季節性に着目する専門家もいれば、新型のため必ずしもそう言い切れないとする専門家もいて、収束時期については見解が分かれる。

そして、その見解の中には驚くものがある。なんと、来年までに世界の四〇%～七〇%の人々が新型コロナウイルスに感染するというものだ。見解を公表したのはハーバード大学のマーク・リプシッチ教授で、アメリカの「アトランティック誌」に寄稿している。数字だけを見ると絶望的に見えるが、その中には軽症者はもちろん、無症状者も含まれる。

ただ、この特に無症状者が存在することが感染を飛躍的に高める原因となることをリプシッチ氏は指摘している。無症状者は自分がかかっていることに気付きようがないわけだから、普段通りの日常生活を送る。電車に乗ったり、バスに乗ったり、普通に学校や会社に行くし、買い物や外食もする。それによって感染が拡大するというのだ。新型コロナウイルスの感染力は高い。そう考えると、四〇～七〇％という数字も納得できる。そして、罹患した人の中で一定数が重症化することを考えると、もはや七月二四日からの東京オリンピック開催までにこの騒動が収束するはずがない。

どんなイベントを中止したとしても、東京オリンピックを中止させることはできない――そう政府は考えている。規模がまったく異なるのである。前述した一般ランナーの参加中止が決まった東京マラソンの経済効果は、約三〇〇億円（二〇一七年開催分の日本国内の経済波及効果で二八四・二億円・一般財団法人東京マラソン財団発表）。それに対して東京オリンピックによる経済効果は、その一〇〇〇倍の約三〇兆円と試算されている。東京都の試算では三二兆円で、民間のみずほ総合研究所の試算では三〇兆円である。試算の仕方に多少甘さが見えたりはするが、いずれにしても大きな経済効果であることには変わらない。

オリンピックはこのような大きな経済効果が期待できることから、各都市（各国）が名乗りを上げる。そして、開催地はその大きな経済効果を受けると同時に、その反動の不況も甘んじて受ける。

ところが、今回の東京オリンピックでは大きな経済効果を十分享受できない可能性が極めて高い。これから受けられるはずであったオリンピック効果は数多くあるだろうが、いくつかここで挙げておこう。

まずは、オリンピックの華やかなムードの中における消費拡大だ。オリンピックはチケット抽選に外れた人が多数出た。それは国民の関心の高さを示し、外れた人は自宅でテレビ観戦を楽しむだろう。せっかくだからと画質が綺麗な最新のハイビジョンテレビなどを購入したり、オリンピック競技に触発されてスポーツ用品を調達したりするなどが考えられる。または、気の置けない仲間たちとスポーツバーや家で乾杯しながら観戦を行なうことも考えられる。

次に、オリンピック開催中の観光客の増加とそれによる宿泊施設や旅行業の需要増である。特に外国人観光客が多数訪れることが予想される。二〇一九年の訪日外国人客数は三一八八万人で、二〇一二年以降年々増加していた。その数がオリンピック開催によって一気に膨らむことが想定されていた。当然宿泊や他の観光業などが潤う計算となっている。

そしてもう一つ、雇用機会の創出である。競技会場やその周辺のインフラ設備、バリアフリー対策などが求められる他、ホテルや旅行、飲食業などのサービス業界にも新しい雇用機会が生まれるはずだ。

さあ、どうだろうか。このまま新型コロナイルスが蔓延している中では、たとえ東京オリンピックが開催されたとしても、どれ一つとして経済効果を十分享受することができない。三月一日に一般ランナー抜きで開催された「東京マラソン２０２０」では、サポートするボランティアスタッフは通常の一〇分の一、沿道の応援も一〇分の一となったが、東京オリンピックもこのような状態になるかもしれない。最悪、無観客開催、いや中止となる可能性すらあるのだ。

ここで、先ほどいくつか期待する経済効果を解説したが、実は一番大きいとされる経済効果がまだ残っている。それは〝レガシー効果〟と呼ばれるもので、オリンピック開催後の聖地巡礼や整ったインフラを十分活かしたインバウンド需要などである。それがなんと、経済効果の八割～九割を占めるという試算もあるほどだ。その〝レガシー効果〟は当然だがオリンピックが成功裏に終わった時こそ効果が発揮される。だから、先ほどの中途半端な開催では意味がほとんどなくなってしまうのだ。それどころか、もしオリンピックが中止となればこの効果は完全に消えてしまうのである。どちらにしても、このままでは十分な効果が得られないまま、オリンピックのジンクスとも言える翌年の不況に突入する可能性が高い。

一九六四年開催の東京オリンピックでも、ジンクスは存在した。それまで好調に推移していた経済が、一九六五年に一転して悪化したのだ。そして、その年が過ぎるとまた好調に戻ったため、その年を経験した方でも記憶に残っていないかもしれない。ただ、「昭和四〇年不況」と言葉としてはきちんと残っており、その頃証券大手が軒並み赤字を経験した。山一証券が日銀特融を受け、戦後初めての赤字国債が発行されたのもこの時だ。

オリンピック開催は、それによる大きな経済効果の恩恵をできる限り受けた上で、多少の不況を覚悟することになる。ところが、今年の東京オリンピックは今回の新型コロナウイルスの影響で十分恩恵が受けられないどころか、場合によっては中止になる可能性も否定できない。そうなれば三〇兆円丸ごとではないが、その大半の経済効果を得ることはできなくなる。

それにも関わらず、その反動の不況はちゃんとついて来るわけで、日本にとっては踏んだり蹴ったりの結果となる。オリンピック後の単なる不況ではなく、山がないままむしろ景気の谷の状態にさらに不況がやって来るわけだから、大不況到来の可能性があるのだ。したがって、政府としてはそれだけは絶対に避けたいところだ。

だから、東京オリンピック中止という話題はタブーになっている。ＩＯＣのメンバーが個人の見解で五月までにオリンピックを中止するかどうか判断すると発言したのに対し、ＩＯＣのトーマス・バッハ会長が「東京オリンピックを予定通り開催するため全力で準備を進めて行く」と断言した。慌てて火消しをしているわけだ。

日本としては、この東京オリンピックの経済効果を薄れさせたり、傷付けたりするようなことは許されないのである。だから、安倍政権が新型コロナウイルス感染者の数を低く抑えようとしたり、イベント中止要請や学校休校要請を行ない、なんとか封じ込めを図ったりしているわけである。

しかし、事態の収束がいつになるのかはまったく不明である。ただでさえ、舵取りが上手くできず安倍政権は崩壊に向けて進んでいるようであるが、これで東京オリンピックが開催できずに大不況が日本を取り巻けば、政権崩壊は間違いないだろう。

ただ、私たちはそんなことにかまっている暇はない。日本をはじめ、世界が混乱しようとしているのである。現状を見極めながら対策を立てる必要がある。

第四章　絶体絶命の習近平——中国経済は崩壊寸前

中国共産党結党以来の試練へ

「特に中国の六〇年周期に注目している」（レコードチャイナ二〇二〇年二月一九日）――二〇二〇年二月、国内外の経済に精通する岡三証券の高田創理事は日本記者クラブでの講演でこう述べた。同氏によると、中国では六〇年周期で大事件が起きており、二〇二〇年はまさにこの節目に当たるという。

今から一八〇年前の一八四〇年、アヘン戦争が勃発した。この戦争を境に中国に対しては、「亜州病夫」（東アジアの病人）と蔑称が定着する。そしてその六〇年後の一九〇〇年には、義和団事件（反キリスト教・排外主義の民衆蜂起。西太后は当初こそ鎮圧を図ったが、北京を占領されたことを期に支持に転じ、列強に宣戦布告した）が起き、英米仏露日など八ヵ国が北京を占領、列強による中国の分割が進んだ。そのまた六〇年後には毛沢東の指導の下、甚大な餓死者を出すに至る大躍進政策が実施されている。無理難題な農工業の増産を人民に押し付けたこの政策は、とんでもない数の犠牲者を出した。

そして二〇二〇年、新型コロナウイルスによって中国は再び国難に見舞われている。習近平国家主席が率いる中国共産党は、一八四〇年のアヘン戦争から一九四九年の建国までの一〇〇年間を「屈辱の一〇〇年」とし、中華民族の偉大な復興を誓っているが、今度はアヘンではなくコロナによって国が蝕まれそうだ。まさに、中国共産党結党以来の試練だと言える。

断末魔の悲鳴を上げる中国の統計

二〇二〇年二月、衝撃的な数字が市場関係者を震撼させた。同月一〇日、新型コロナウイルスの影響（による中国経済の停止）を受け、バルチック海運指数（＝ＢＤＩ。海運業界の動向を示す指標で世界貿易の体温計と言われている）が四一一ポイントと、リーマン・ショック後（二〇〇八年一二月）の六六三ポイントを下回る値を記録したのである。二〇一九年九月四日に付けた高値（二一五一八ポイント）から八三％の下落率だ。世界のコンテナ輸送量の三分の一は中国を経由している。中国経済の一時停止が世界貿易の体温計を急速に低下させていることに、市場関係者は恐れおののいた。イギリスのバルチック海運取引所が営業日ごとに算出・発表するＢＤＩは、数ある先行指標の中でも「炭鉱のカナリア」（早期警戒信号）のようなものとして重宝されている。

そしてそれから数十日後、この先行指標を裏付ける統計が発表された。中国の製造業と非製造業のＰＭＩが、共にリーマン・ショックを下回る過去最低を記録したのである。このＰＭＩとは「購買担当者景気指数」のことで、製造業・非製造業の購買担当者を対象にしたアンケート調査を基に算出される指数だ。五〇を分岐点としてこれを上回れば景況感が良く、下回ると悪いとされる。景気の先行きを占う上で極めて重要視される指数だ。

中国国家統計局が発表した二〇二〇年二月期の製造業ＰＭＩは三五・七と、前月の五〇から急落。リーマン・ショック後（二〇〇八年一一月）の三八・八を下回り、二〇〇五年の統計開始以来で最低を記録した。

中国の製造業PMIと非製造業PMIの推移

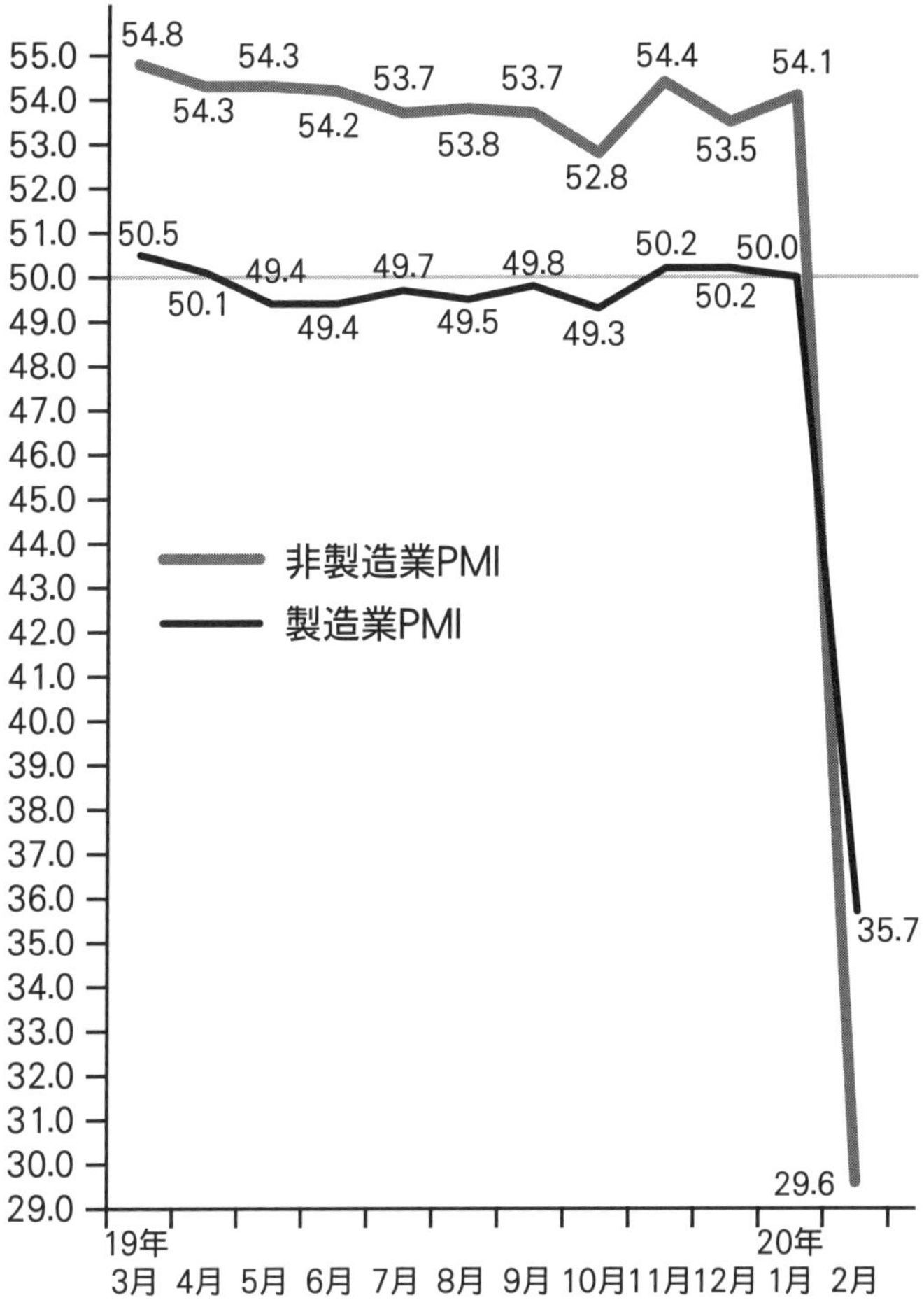

中国国家統計局のデータを基に作成

さらに深刻だったのは非製造業ＰＭＩで、同期のそれは二九・六と、前月比二四・五ポイントの下落を演じたのである。ちなみに中国の非製造業ＰＭＩは統計開始以降、一度も分岐点の五〇を下回ったことがない。それが五〇どころか三〇を割り込んだということは、いかに新型コロナウイルスの影響が深刻かを物語っている。

いよいよ出てきそうな「灰色のサイ」

近年、中国経済には「灰色のサイ」なるものが徘徊していると言われ続けて来た。きっかけは、二〇一八年一一月に中国人民銀行（中央銀行）が発表した「二〇一八年金融安定報告」で、そこに「来年（弊社編集部注：二〇一九年）には『灰色のサイ』に関連した金融リスクが表面化する可能性がある」と記されていたことにある。灰色のサイとは「存在は明白だが見過ごされている問題」を指し、中国における具体的な問題は「債務」だ。

ところが、米中貿易問題が表面化したにも関わらず、二〇一九年に灰色のサイは出現していない。しかし、今度のウイルス危機によって灰色のサイが出現する可能性は、かつてなく高まっている。

「ウイルス感染拡大が中国の生産体制を混乱させており、企業と個人の債務返済が難しくなり、最悪のシナリオでは、中国の銀行システムにおける問題債権比率が倍近くに上昇することもあり得る」（ブルームバーグ二〇二〇年二月二一日付）──格付け大手Ｓ＆Ｐグローバル・レーティングはリポートで、こう警告した。ただし、「新型コロナウイルスの感染拡大が（二〇二〇年）四月までにピークを迎えなければ」という条件付きである。

中国の公式統計では、同国の商業銀行における不良債権比率は、二〇一九年九月末時点でわずか一・九％に過ぎない。日本のピーク時の不良債権比率八・四％を大幅に下回る。この統計を信じると「中国はバブル崩壊という日本の轍を踏まない」ということになるが、中国当局の出す統計はまったく当てにならない。多くのエコノミストは、五─一〇％の潜在不良債権比率があると見積もっている。でなければ、中国当局が自ら「灰色のサイ」などと不穏な言葉を用いないはずだ。

中国当局も、今回の危機に相当な神経を使っている様子が窺える。ロイター（二〇二〇年二月六日付）が関係筋の話を基に報じた内容によると、中国銀行保険監督管理委員会（ＣＢＩＲＣ）は一部の地域の金融機関に対し、新型コロナウイルスの感染拡大が融資先にどのような影響をおよぼしているか調査するよう求めた。ＣＢＩＲＣは銀行に対し、感染拡大で打撃を受けている企業に金利の引き下げや融資の延長を適用するよう要請している。

「人民銀行が実施したサンプル検査によると、七・七％の銀行は極めてリスクが高く、軽いショックにも耐えられないとの結果が出た。一三・六％は金融危機が起きれば高いリスクに見舞われるという。こうした銀行の多くは小規模の農村銀行だった」（ロイター二〇二〇年二月六日付）。

金融危機をあとから振り返ると、危機の直前まで民間（家計、企業）セクターの債務が劇的な増加を示していることがほとんどだ。そして民間セクター

非金融企業債務残高の対GDP比

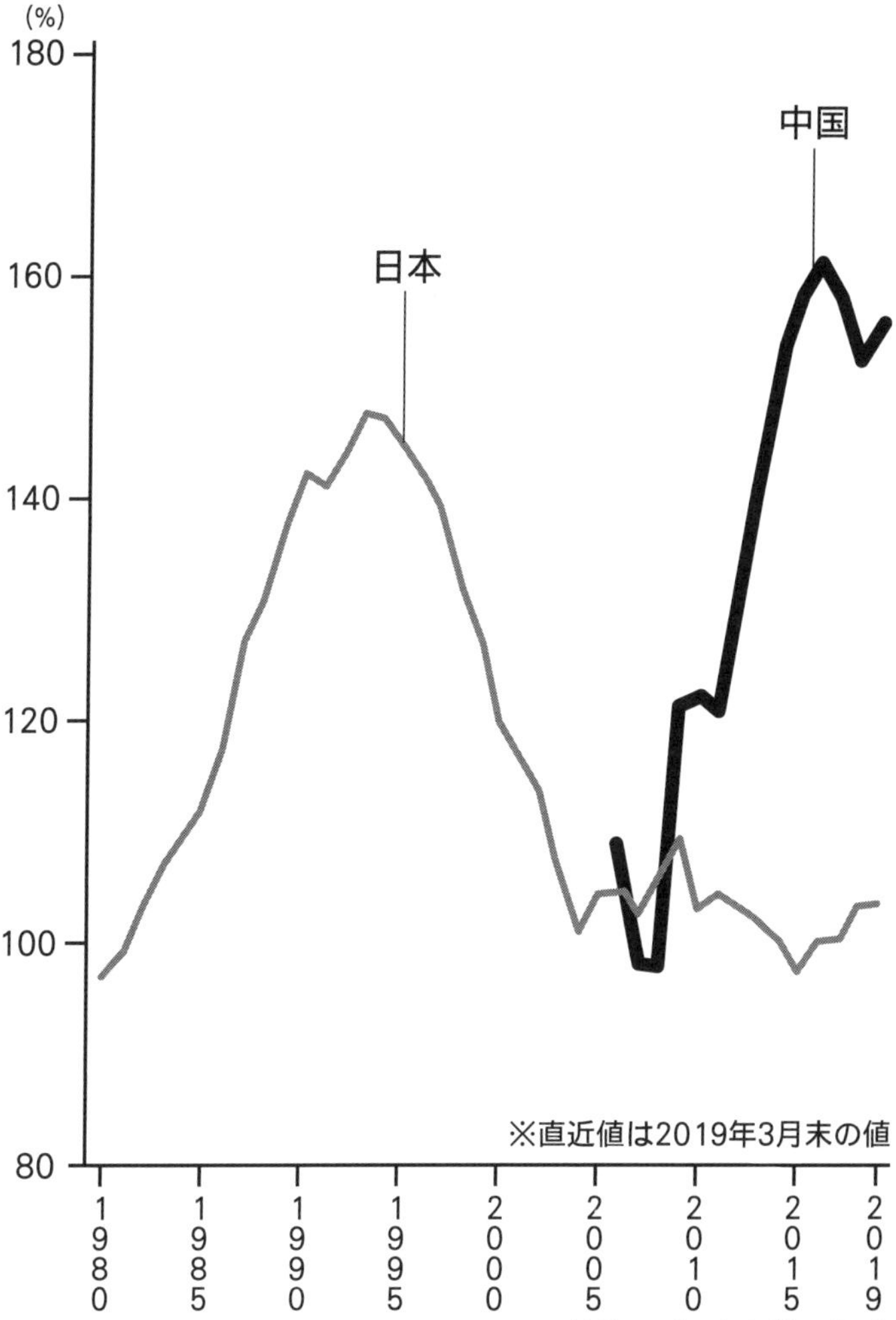

BISのToral credit統計のデータを基に作成

の過剰債務が金融危機を引き起こすと、その後は決まって公的債務が爆発的に増える。政府が救済に動くためだ。すると、その数年後から体力がない国を皮切りに破綻が相次ぐ。

いわゆる「世界三大不況」は、すべて例外なくこの軌跡をたどった。一八七三年から一八九六年にかけた大不況、一九二九年から一九三八年の大恐慌、そして二〇〇七年から現在まで続くサブプライム・バブル崩壊（リーマン・ショック）の余波。すべての危機が民間セクターの過剰債務に起因しており、その後に公的債務が劇的な増加を示している。日本のバブル崩壊もそうであった。日本の不動産バブルの時は、民間セクター（家計＋金融部門を除く企業の債務が対GDP比で一七〇％以上にまで上昇したあとに危機が訪れている。

中国も同様の経路をたどっている可能性が極めて高い。BIS（国際決済銀行）によると、中国の民間セクターの債務は二〇一九年九月末時点で対GDP比二〇四・八％と、日本のピーク時を優に上回っている。企業セクター（金融部門を除く）の債務だけで同一五〇・四％もあるのだ。企業債務の大部分が国有企業によるもので、主に不動産セクターで累積債務が積もりに積もっている。中国経済に占める不動産セクターの割合は二〇％と、他のどの国の水準よりも高い。

その不動産市場に、新型コロナウイルスは壊滅的な影響を与えている模様だ。中国の証券会社、招商証券が二〇二〇年二月一一日に発表した報告によると、同年二月第一週目の新築住宅の販売件数は、前年同期と比べて九〇％も落ち込んだという。中古物件の販売件数も、同九一％減少した。

住宅販売の急速な鈍化を背景に資金繰りが厳しくなった一部の不動産開発業者で、短期債の発行が相次いでいる。国家であろうと企業であろうと、資金繰りが悪化すると債務の短期化が進むのはいつの世でも同じだ。

ロイター（二〇二〇年二月一八日付）は、広州を拠点とする中国奥園集団や建業地産といった不動産開発業者が、期間一年未満の社債を発行したと報じている。そして上海に本社を置く不動産開発業者の財務責任者（匿名）のコメントを掲載した——「こうした短期債の発行が必要な企業は通常、資金繰りが悪化している。資金繰りに問題がなければ、期間の長い社債を発行するだろう。短期債を発行すれば、すぐに借り換えの心配をしなければならない」（ロイター二〇二〇年二月一八日付）。

最大の借り手である不動産セクターの窮状は、間違いなく最大の貸し手である銀行にもおよんでいる。人民銀行がサンプル検査で弾いた二一・三％のリスクが高い銀行の行く末が心配だ。もちろん、危険な金融機関の数はもっと多い可能性もある。

日本では一九九七〜一九九八年にかけて、バブル時の過剰債務に起因した不良債権によって金融危機が起きた。第一生命経済研究所の首席エコノミストである熊野英生氏は、その時の状況と中国の現状を以下のように重ね合わせている――「日本の経験では、過剰債務問題が表面化するのは、まず中小機関である。中国では、農村商業銀行の不良債権比率が高い。中小金融機関で破綻が起きると次に不健全な企業の経営危機を、大手・中堅銀行がどう支援するかに問題が移り、それから大手銀行問題に波及する。中国では、いくつかの銀行がすでに経営危機に直面している」（ロイター二〇一九年一二月二六日付）。

事実、二〇一九年の一〇月から一一月にかけて中国の地方銀行で立て続けに二度も取り付け騒ぎが発生した。

一件目は同年一〇月二九日、河南省洛陽市の伊川農村商業銀行で大量の預金引き出し要請が起きている。中国のSNS上にはパニックの様子が投稿されたが、当局が即座に削除した。この日は中国共産党の重要会議である4中総会が開催されていたこともあり、当局は厳戒態勢の下、翌日には「農村部の銀行の破綻が差し迫っているとの虚偽の情報を流した」という理由で二九歳の女が拘束されている。

さらに翌月六日には遼寧省営口市の沿海銀行でも取り付け騒ぎが発生した。営口市政府は「噂を信用しないで、冷静に」との緊急声明を出し、虚偽の情報を流したとして市民九人を拘束している。

中国の地方銀行の経営が悪化しているとは数年前から報じられていたが、基本的に市民は「政府による暗黙の保証」を信じて来た。しかし、一部の市民は確実に中小金融機関の経営不安を嗅ぎ取っている。

そして、今回のコロナ騒動だ。実体経済の悪化から少し時を置いて、灰色のサイ（金融危機）が現れる恐れは十二分にある。

中国経済は基本的に閉鎖的であり、外国の金融機関の対中国エクスポージャー（リスクに晒されている度合い）は少ないから中国発の危機は世界に伝播しないという見方もあるが、果たしてどうか。

こうした見方は完全に楽観が行き過ぎている。第六章で述べるが、香港の金融機関の対中国エクスポージャーは大きい。また、その香港へは英国の金融機関が大きなエクスポージャーを抱えている。世界第二位の経済体である中国と、国際金融センターの筆頭格である香港とシティ（ロンドン）が揺らぐ事態が世界におよぼす影響は計りしれない。

結論からすると、中国発の危機は世界全体にミンスキー・モーメントを発生させるであろう。ミンスキー・モーメントとは「持続不可能なペースでの与信膨張後に資産価格が急落する」ことだ。より具体的には、過度な債務の増加に依存した景気拡大局面が終わったあと、返済能力が悪化した債務者が健全な資産まで売らざる得ない状態に追い込まれ、結果的に様々な資産価格が暴落して金融危機に発展する事態だ。

中国で再びウイルス流行か⁉　北京が陥落すれば中国の崩壊は必至

中国経済が抱える二つの大きな問題――具体的には日本のバブル時を超える累積債務残高、そしてリーマン・ショック後の最低値を更新したＰＭＩ（購買担当者景気指数）、この組み合わせに不安を覚えないという方がどうかしている。

その上、ウイルスの脅威は未知数だ。二〇〇二～〇三年に流行したＳＡＲＳ（重症急性呼吸器症候群）のケースとの比較も散見されるが、正直なところ過去との比較はまったく当てにならない。ウイルスの性質や感染力が異なる点はもちろんだが、ＳＡＲＳ当時からは人々の国境を超える移動が桁違いに増えた。本稿執筆時点（二〇二〇年三月上旬）で新型コロナウイルスの感染者数は、Ｓ

ARSの感染者数八〇九六人を優に上回っている――その数、十数倍だ。

また、中国経済の規模もSARS当時から四倍に増えている。中国経済は現在、世界のGDPの六分の一を占めるに至り、さらには世界最大の製造国だ。モノの貿易額も数年前にアメリカを抜いて世界最大となっている。

ご存じのように、中国は依然として「世界の工場」だ。人件費の高騰やリスク分散の観点から工場をASEAN（東南アジア諸国連合）や中央アジアに移す企業が増えたが、依然として世界的なサプライチェーン（供給網）の一翼を担っている。詳しくは次の第五章で触れるが、中国の工場が止まれば世界中のサプライチェーンへの打撃は深刻だ。

現在はグローバル分業制の時代であり、中国のような部品と完成品の供給国が活動停止すると、世界のモノの流れに甚大な影響をもたらす。

強烈なインパクトが出るのは供給面に限らない。需要の面でも中国経済の重要度は増すばかりである。たとえば、世界でもっともスマートフォンや自動車が売れる消費地は、今やアメリカではなく中国だ。また、世界全体で供給される高級品の三分の一を中国人が買い、海外旅行でもっともお金を使うのは中国人である。

実際、中国経済のエンジンは外需から内需に移っており、二〇一九年四月～六月期のＧＤＰ（国内総生産）成長率六・二％（年率）のうち三・七％が消費の伸びによるものであった。純輸出は一・三％に留まる。中国の小売売上高は二〇一九年にアメリカと肉薄しており、遅くとも二〇二一年には抜く可能性が高い。すなわち、中国は世界の工場から「世界最大の消費地」へと変貌を遂げつつある。

ＳＡＲＳの際は、中国の小売売上高が前年比でおよそ半分にまで落ち込んだ。今回も同様の結末をたどれば（最大の成長セクターが失速すれば）、中国経済は文字通りの壊滅状態に陥る。その点、中国の非製造業ＰＭＩが統計史上で初めて三〇を割り込んだという事実は非常に気がかりでしかない。

中国の消費が落ち込めば、中国を世界最大の消費地として見込んで売り込みを図って来た外国企業にも大きなダメージがおよぶ。中国・湖北省武漢市が閉鎖された際、米アップルの株価が急落したのはそのためだ。アップルは、中国で作って中国人に売るという「地産地消」のお手本のような存在である。

上記のように、世界に対する中国経済の重要度はＳＡＲＳの時比べものにならないほどに増した。仮に、新型コロナウイルスが終息モードに入ったとしても、経済にもたらす影響の長さと深さはまったく読めない。かつては、世界最大の消費地であるアメリカが風邪を引けば世界がくしゃみをすると言われたが、現在は中国が風邪を引いても世界はくしゃみをしてしまう。

経済に精通する人はどうしても金融市場にばかり目が行きがちだが、こうした実体経済におよぼすマイナスのインパクトを過小評価しない方がよい。実体経済の悪化がやがて金融市場に波及するというオーソドックスな展開は、現代でも通用する。

新型コロナウイルスが世界的に流行し始めてから、アメリカを筆頭に多くの国が金融緩和を強化したが、そもそも金融政策でこうした問題を解決するのは不可能だ。金利が下がったからといって、突然マスクが増えることはないし、

新型コロナ流行を受けての中国企業の措置

2020年2月17日から21日までの週に行なわれた調査

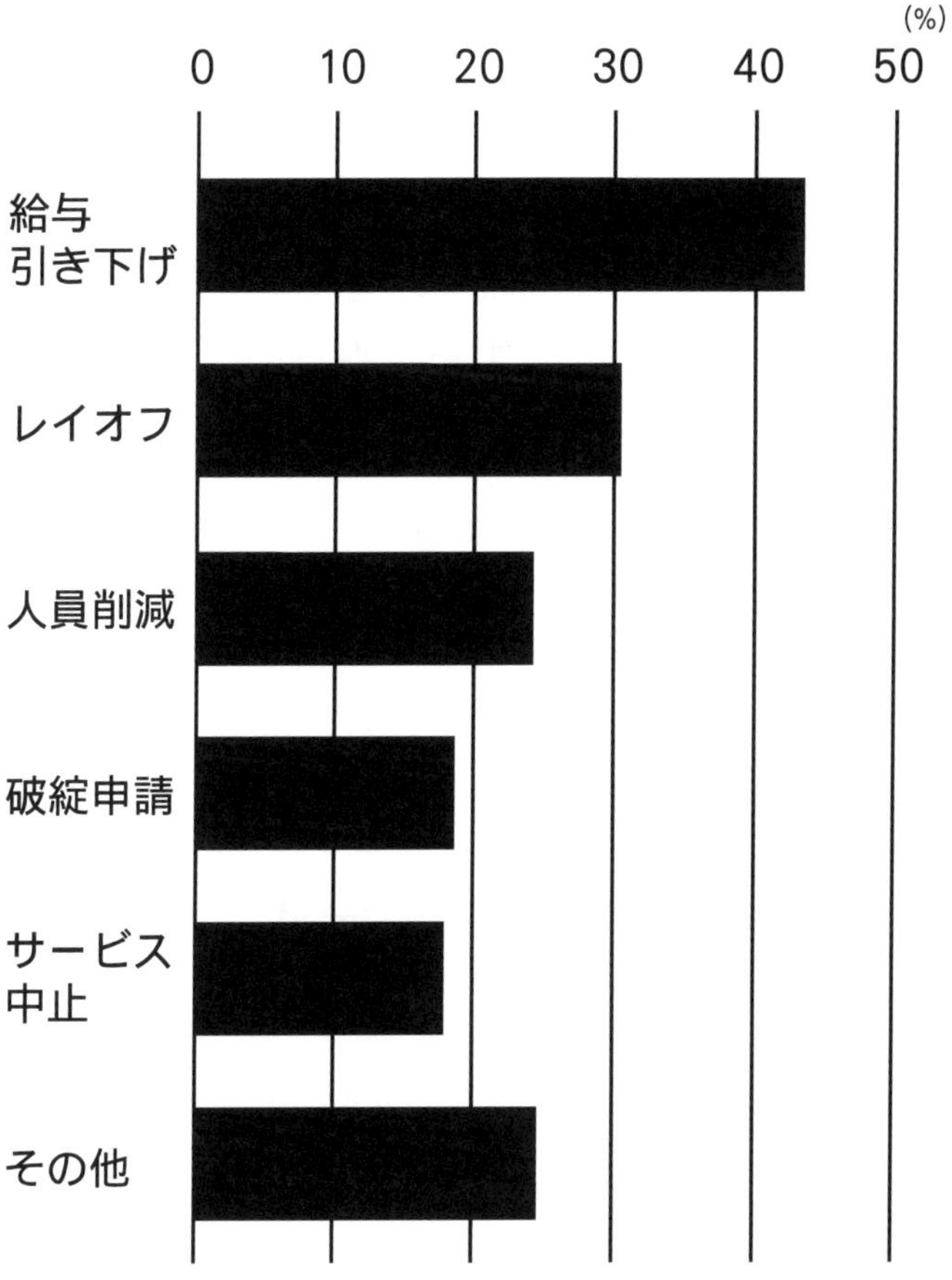

Zhaopin.comのデータを基に作成

いきなり中国に渡航しようという人が増えるわけでもない。ウイルスの前では、金融政策の効果はおおよそ限定的となる。

実体経済の悪化を食い止めるには、シンプルにウイルス（さらにはウイルスに対する人々の恐怖）を根絶するしかない。ところが、これは極めて厄介な問題だ。なぜなら、人々の移動が簡単に国境をまたぐ時代にウイルスの感染を防ごうとすれば、移動制限などの実施が求められる。しかし、移動制限や外出制限は経済活動を完全に止めてしまう。

すなわち、「ウイルス根絶」と「経済成長」という二兎を追うことはできない。ところが、発信元である中国では、ウイルスの根絶を前に人々が動き出した。移動制限による生産と消費の落ち込みを、これ以上は看過できないと当局が判断し基準を緩和させたためである。しかし、幼稚園児でもわかる話だが、ウイルスが根絶する前に人々の大規模な移動が始まれば、ウイルスが再流行してしまう可能性が高い。そうまでして中国当局が移動制限を緩和したのは、経済がよほどの打撃を受けているからであろう。

経済の落ち込み回避を優先させた今回の方針は、失敗に終わる公算が高い。二〇二〇年二月末日、中国の国家統計局は同年三月末時点で大中企業の九〇・八％、大中製造業の九四・七％が再開するとの見通しを示した。それゆえ、中国本土のエコノミストからは「三月にはＰＭＩが分岐点の五〇付近に急回復する」との声も出ている。

もちろん、再びウイルスが猛威を振るえば話は別だ。移動制限の緩和による一時的な回復は、結局のところ「偽りの夜明け」に終わる。新型コロナウイルスの再流行にもっとも警戒していると言われているのが、首都の北京だ。北京では居住人口二二〇〇万人のうち、約八〇〇万人が農民工（地方で住民登録されているいわゆる出稼ぎ労働者）とされる。彼らが北京にウイルスを持ち込む可能性は決して低くない。日本のネットメディアでは「北京の病院で深刻な集団感染が起きている」という真偽不明の情報も出ている。

習近平国家主席は二〇二〇年三月四日、新型コロナウイルスの感染拡大について「予防と抑制の状況は持続的に良くなって来ている」とし、湖北省武漢市では厳しい状況が続くが、「同省以外では、ほぼ終息して来ている」と自信を示した。湖北省以外の警戒レベルを引き下げ、国内の終息をアピールし経済活動の再開を加速させるのが狙いと見られるが、感染拡大の状況に関してはあくまでも大本営発表であり、信用できない。

「新型コロナウイルスのすさまじい拡散は言論封殺が招いた人災だ」――言論統制がなされている中国では極めて異例な批判が改革派の知識人から起こっている。総勢五〇〇人以上の改革派が署名した中国共産党の言論弾圧を非難する文章が、新型コロナウイルスの騒動の真っただ中にインターネット上に登場した。中国当局によって即座に消去されたが、規制をかいくぐって拡散が続き、多くの市民の共感を得ている。

中国広東省広州に在住する作家、野渡氏はＮＨＫ（二〇二〇年三月五日付）の取材にこう語調を強めた――（中国政府が）「言論の自由を取り締まったためにウイルス流行の深層は隠されてしまいました。私が怒りを感じているのは、言論の自由がないために今の状況に陥っているのに、当局はそこから何の教訓もくみとっていないことです。それどころか、さらに厳しい言論統制をとるようになっているのです」。

中国政府は、二〇一九年一二月八日に最初の患者が出たとしているが、はなはだ怪しい。武漢のある医者は、それよりもかなり早い段階から新型ウイルスの出現を警鐘していたのに当局によって封殺された。この医師はその後、新型コロナウイルスにかかり亡くなったが、中国人民からは英雄視されている。

中国保健当局の発表では日ごとの新規感染者数が下落の一途をたどっているが、移動制限が緩和されたにも関わらず新たな感染者数が減るのは明らかに不自然だ。ブルームバーグ（二〇二〇年三月五日付）は、「新型コロナ、感染始まった中国で増加数激減――データ巡る不信ぬぐえず」と題した記事を配信。「新型コロナウイルスの世界的中心地である中国で、感染拡大が本当に抑えられつつあるのかどうかは不確かだ」と疑問を呈した。

仮に労働力の多くを農民工に頼っている北京や上海、広州や深圳といった大都市で感染が再び拡大すれば、それは武漢の危機をはるかにしのぐ影響が出るであろう。下手をすると、中国共産党の支配体制に深刻なヒビが入るまで行くかもしれない。

人民大学教授の衝撃的な暴露

中国の四半期ごとのGDP成長率は、一九七九年の改革開放以来、ただの一度もマイナス成長になったことがなく、高成長を記録し続けて来た。それは通年のGDPでも変わらない。一九八九年の天安門事件も、アジア通貨危機も、リーマン・ショックも乗り切った。

しかし、二〇二〇年一～三月期のGDPは、史上初となるマイナス成長を記録する可能性が囁かれている。実現すれば前代未聞だ。

もっとも、国家統計局の発表はそもそも信用ならない。新型コロナウイルスが流行する以前の二〇一八年にはすでに瀕死の状態であったと主張する識者もいる。二〇一八年一二月一六日、中国人民大学で開かれた改革開放四〇年を記念した経済フォーラムに登壇した人物からとんでもない発言が飛び出した。それも、中国共産党の身内と呼べる人物だけに驚きである。

その人物とは、向松祚という中国人民大学の教授だ。同氏は、中国共産党に近い人民大学で教授を務めているだけでなく、同大学の国際通貨研究所において理事と副所長を兼任している。講演で登壇した向松祚氏は、中国「経済のデータを見てハラハラする」（二〇一八年一二月一九日付）と切り出し、「重要研究機関の内部研究調査では、今年の中国ＧＤＰ成長率はわずか一・六七％と示された」（同前）とぶちまけた。

この発言はソーシャルメディアを通じて多くの中国人が共有したが、そこは情報統制された中国である。もちろん、動画は即座に削除された。現在は欧米系のソーシャルメディア（ユーチューブなど）のみで視聴できる。

当然、この衝撃的な発言は国外へも波紋を広げた。ウォールストリート・ジャーナル（二〇一九年一月四日付）は社説で、「一部の中国ウォッチャーは一二月、有力エコノミストの向松祚氏の発言に衝撃を受けた。中国の実際の成長率がわずか一・六七％である可能性が示されたためだ」と引用している。

一・六七％という数字に対しては、中国ウォッチャーの間でも見方は分かれているが、前述したように中国当局の公表しているデータの信憑性は限りなく低い。中国経済が崖っぷちに立たされているという認識は適切であろう。そして、今回のコロナ騒動だ。もはや何が起きてもおかしくない。

前項で述べたように、大本命は景気減速によって金融危機が起こる事態だ。中国経済はレバレッジ（債務）でパンパンになっており、景気が失速すれば日本の不動産バブルやリーマン・ショック時の不良債権規模（それぞれ約一〇〇兆円、約三〇〇兆円）を上回る額が焦げ付きかねないと考えられている。一部の試算では、その額三〇〇兆～五〇〇兆円。まさに、世界経済全体を破綻に追いやりかねない額だ。

そして、そうした事態が今回の新型コロナウイルスによって眼前に迫っている可能性がある。

中国の中小企業の資金が尽きるまでの期間

中国の中小企業1435社アンケート

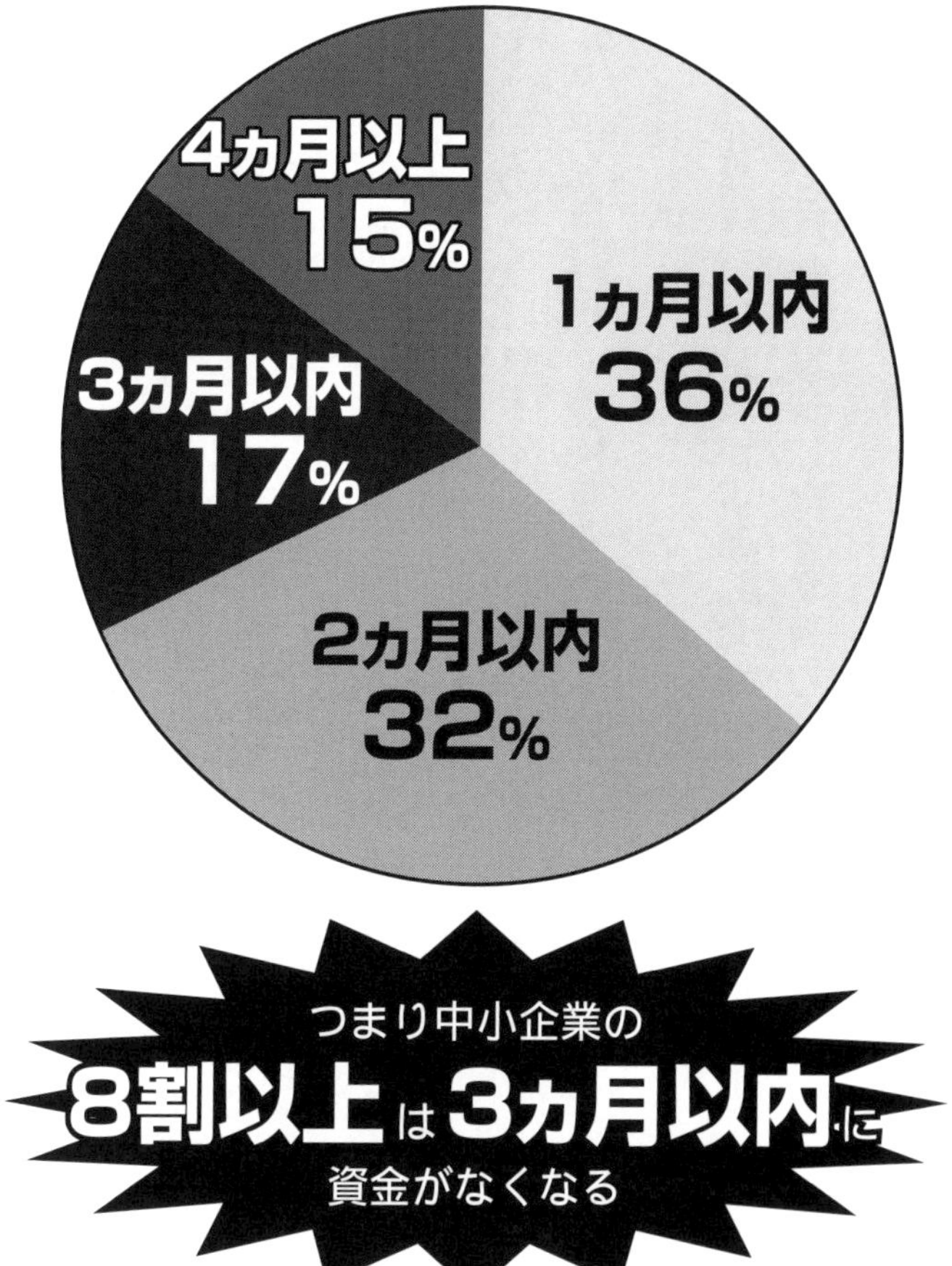

精華大学、北京大学のデータを基に作成

中国本土と香港を見限っていた〝超人〟

経済界のある超大物が、すでに中国本土や香港を見限っていた、ということが話題になった。その大物とは、香港で〝超人〟の異名を持つ李嘉誠《リー・カーシン》氏である。

二〇二〇年に九二歳となる李氏は、まさに中国の荒波を乗り越えて成功を収めた。李氏は一九二八年、中国広東省の東部に位置する河川沿いの都市、潮州市に生まれる。この都市は日本軍の空襲の標的となり、李氏は幼少時にこの空襲を経験した。一二歳の時、学校を辞め、家族と共に当時はイギリスの植民地であった香港に逃れる。

その香港も一九四一年に日本が占領したが、李氏はその時、食糧不足、栄養失調、病気に悩まされた。香港にたどり着いた直後に、父親を肺結核のため亡くしている。李氏はわずか一五歳から家計を支えなくてはならなくなり、プラスチックの貿易会社で働きだした。最終学歴は中卒（高校中退）である。一九四九年に自身でプラスチックの工場を設立し、造花を売り出したところ、これが「香港フラワー」として大ヒット。一九五八年からは不動産業に転身、一九六七年の香港暴動で下落した不動産を買い漁り、香港最大の不動産デベロッパー（開発業者）にまで上り詰める。

最大の契機となったのは一九八九年の天安門事件で、李氏は中国本土が欧米諸国から経済制裁を受けている状況を絶好の好機と捉え、大挙して北京へ乗り込んだ。北京に乗り込んだ李氏は中国政府と交渉の末、王府井（北京最大の繁華街）の開発権を獲得する。それを皮切りとして、中国本土を避ける外国企業とは対照的に本土への投資を爆発的に増やし、自身が創業した長江実業集団を香港で最大の財閥にまで成長させた。

しかし、二〇一三年頃から「中国・香港の不動産投資は避けろ」と周囲に話すようになり、同年八月頃から実際に中国本土の資産を次々と売却し始める。中国本土に続き、二〇一五年頃からは香港のエクスポージャー（投融資）も減らし始めた。同時期に李氏は、中国本土と香港の四企業から総額一一〇億ドルの投資を引揚げたと報じられている。また、この頃から中国の官製メディアから「愛国心に欠ける」などと批判されるようになった（批判は今も続いており、一説には習近平国家主席と最悪の仲だと囁かれている）。

その後も李氏は投資先の分散を積極化させ、二〇一八年時点で全エクスポージャーにおける香港の比率は、約一〇％にまで低下している。香港が反政府デモで大きく揺らいでいた状況下、香港の投資会社ポート・シェルター・インベストメント・マネジメントのリチャード・ハリスＣＥＯ（最高経営責任者）は、投資における香港の比率を事前に引き下げていた李氏を次のように称賛した——「香港の大物の中で最も賢い人物として明らかに際立つ」（ブルームバーグ二〇一九年八月二八日付）。

超人に見限られた中国と香港の未来は、極めて暗いと言わざるを得ない。

第五章　武漢はハイテク、自動車部品の重要拠点

——中国はサプライチェーンの重大な鎖。それが切れると……

武漢発、全世界モノ不足のカラクリ

中国中部の都市、武漢。新型コロナウイルスの感染源として、初めてその都市名を耳にした、あるいは「そういえば、そんな街あったな」と久しぶりに思い出したという日本人は多いのではないだろうか。

大半の日本人にとって、中国の大都市と言えば首都である北京やアジアトップクラスの経済規模を誇る上海、近年ハイテク企業群の成長が著しい深圳、中国観光と言えば必ず名前が挙がる大連や西安、広州などが挙げられる。

しかし、実は中国にとって武漢という都市は相当に重要な位置付けにあり、今回ここが機能不全に陥ったことは国家にとっての一大事であるのだ。それを紐解くキーワードは、「サプライチェーン」（供給連鎖）だ。

グローバル化の進展で、モノの生産・供給は全世界レベルでの分業化がなされた。特に、スマートフォンや自動車などに代表されるように、現代の「モノ」

は集積回路や特殊なセンサー、用途に最適化された特殊素材など、極めて高度な技術を用いた部品を多数使用している。それらを一企業がすべて自前で生産することは極めて非効率であり、また非現実的でもある。そのため、それぞれの技術分野に特化したモノづくりを行なう企業が連携し、それを集約して最終製品を作り上げるというのが現代のモノづくりの主流となっているのだ。

また、こうした分業化の過程では、それぞれの企業が適正なスピードで適正な量を作り、需要に見合った最適な量を供給することもカギとなる。したがって、生産の連携に伴って高度な情報連携も行なわれるわけだ。

こうした「生産と情報の連携」の全体を「サプライチェーン」と呼ぶわけだが、このような連携は何も精密機器や自動車などに限った話ではない。たとえば衣料品においても、元となる素材の開発は日本企業が、原材料を加工して生地を生産するのは海外企業が、それを服に加工するのはさらに別の海外企業が行ない、最終製品を輸入して日本に売る、といったことが行なわれる。食料品も、現地で取れた魚や野菜などを冷凍などで一次加工し、輸入したあとに二次加工して出荷、スーパーの店頭に並ぶといった工程を経る。

平時であればこの連携はスムーズに機能し、私たちは何の問題もなく日常の消費活動を行なえるわけだが、ひとたびサプライチェーンのどこかに停滞が生じると、その停滞は即座にその生産・流通系全体に伝播し、私たちの生活にも大きな影響がおよぶのである。

今回の新型コロナウイルス感染拡大によって、武漢そして湖北省全体が封鎖され、企業が休業のやむなきに至った。これは、世界レベルのサプライチェーンにとって極めて重大な出来事なのだが、果たしてそれがどれほど深刻なことなのかを知るため、まず封鎖状態となっている湖北省と省都武漢がどういう場所なのかを見て行こう。

中国工業化のシンボルシティ

武漢は中国中部の湖北省東部にあり、人口約一〇八九万人（二〇一七年）を擁する大都市だ。この人口規模は中国国内では九番目で、東京都にも匹敵する大人口である。さらに、武漢市を中心とした周辺の八つの中小都市を含めた「武漢都市圏」で見ると、人口は約三一四四万人におよぶ。この都市圏だけで、湖北省の総生産の六割以上を担っている。

地理的には、北京や上海をはじめ中国主要都市の中心に位置する。広州や重慶、成都も含めた国内主要都市までいずれも約一〇〇〇キロメートル前後の距離にあり、飛行機では二時間前後で移動できる距離だ。漢江と長江が合流するため、古くから「九省通衢《つうく》」（陸路や水路を用いて九つの省〈四川省、陝西省、河南省、湖南省、貴州省、江西省、安徽省、江蘇省、湖北省〉に通じる）と呼ばれている交通の要衝でもある。

行政区分としては省都であるが、華中地方（黄河と長江に挟まれた地域）では唯一の副省級都市でもある。副省級都市とは、省の管轄下にあるものの、その重要性から経済・財政・法制面で省に匹敵する自主権が認められている都市をいう。意味合いとしてはかなり違うが、日本でいう政令指定都市のイメージが近いかもしれない。さらに、中国の都市開発計画において重点的に開発を進める位置づけとなる「国家中心都市」にも指定されており、まさに国家戦略の要となる街である。

武漢の土地としての歴史は古く、六〇〇〇年前の新石器時代にはすでに集落が形成され、人が生活を営んでいたという。武漢の名前の由来となったのは、晋の頃（三世紀から五世紀頃）に長江を挟んで武昌と漢陽という二つの町ができたことによる。のちに漢口も含めた三つの町が合併して、武漢という町になったのである。

三国志などの歴史に詳しい方であれば、武漢と聞いて「赤壁の戦い」を思い出すかもしれない。中国大陸の北半分を手にした曹操が、数十万の軍勢を引き連れて劉備、孫権の連合軍と戦って大敗した戦いで、武漢から南西に一〇〇キロメートルほど離れた長江の岸壁には今でも古戦場が残されている。武漢市内にはこの頃に建てられた「黄鶴楼」という建物があり、歴史的建造物として観光スポットになっているが、元々は孫権が立てさせた物見櫓《ものみやぐら》が始まりである。

武漢の位置

モンゴル
黒竜江省
吉林省
遼寧省
内モンゴル自治区
北京市
天津市
河北省
寧夏回族自治区
山西省
山東省
青海省
甘粛省
陝西省
河南省
江蘇省
上海市
四川省
湖北省
安徽省
武漢市
成都市
重慶市
浙江省
湖南省
江西省
貴州省
福建省
雲南省
広西壮族自治区
広東省
深圳市
台湾
（中華民国）
ミャンマー
ベトナム
香港
ラオス
タイ
海南省
フィリピン

時代は下り、欧州に帝国主義が広がると、西欧列強はこぞって東を目指した。清朝中国にもその手は伸び、やがて中国を開国させると、欧米諸国の企業はこぞって武漢に進出した。そして、武漢は一九世紀後半には主要工業都市として発展し、世界中に知られるようになったのである。

その規模は相当なもので、一九〇〇年にはアメリカの雑誌「Collier's」に「中国のシカゴ」と紹介されるほどのものだったという（なお、現在では中国に留まらず「東洋のシカゴ」という呼び名になっている）。中国国内の東西南北の交通の要衝であり、また長江を使った船舶輸送にも好適な地理条件は外国との貿易の中継地に活用され、茶、肉、たばこなどの貿易が行なわれた。さらに、鉄や絹などの生産もさかんに行なわれるなど、工業地としても発展を遂げた。

しかし、一九一一年に武昌（現在の武漢の一部）を起点として起きた辛亥革命によって、二五〇年以上続いた清朝から華中、華南を中心とした省が独立、中華民国が樹立されると、にわかに様相が一変する。

折しもソビエト連邦樹立に並行し、世界的に広がりを見せていた共産主義革命の波も中国に押し寄せ、やがて中国国内は軍閥混戦の時代に突入する。武漢はその影響を受けて合併、分割を繰り返し、さらに一九三七年に勃発した日中戦争においては、翌三八年に日本軍に占領されている。また、第二次世界大戦が終わると武漢は再び中華民国の統治下におかれたが、国共内戦（中華民国と中国共産党の間で行なわれた内戦）によって一九四九年には人民解放軍に攻略された。このように、たびたび歴史上の権力闘争の舞台となった武漢は、そのたびに翻弄され続けたわけだ。

一九四九年に中華人民共和国が樹立されると、武漢に集まっていた外国企業は撤退を余儀なくされる。中国が共産主義国家となり、民主主義政治と自由主義経済をとる西側諸国とは経済交流が一切遮断されたためだ。

それから冷戦が終結するまでの四〇年間は、武漢にも事実上の「鉄のカーテン」が引かれた形となり、西欧諸国にとっては武漢という地は「忘れられた」場所となったわけである。その武漢が再び世界から脚光を浴び始めるのは、中国が「改革開放」政策の下、一九九二年以降急速に経済成長が加速し始めてからである。

武漢はその歴史的文脈もあって、一九九二年に対外開放都市に指定された。また一九九三年には武漢経済技術開発区が発足され、多額の外国投資を誘致した。二〇〇〇年代始め以降、「ＢＲＩＣｓ」の一角として次なる経済大国への期待が高まると外資の再参入がさらに加速した。沿岸部を中心に所得水準が急上昇し、家電や自動車、日用品などの需要が急増するにつれ、その商機を得ようと世界中の企業が工場誘致に押し寄せたのだ。このようにして、武漢は現在中国でももっとも戦略的な工業都市の一つに再び返り咲いたのである。

自動車業界は深刻な打撃

こうした背景から、長年武漢の経済を支えて来た柱は第二次産業である。一九世紀から生産されていた鉄鋼や製糸、タバコといった業種も盛んだが、現在もっとも盛んなのは鉄鋼から派生して進展した自動車関連産業だ。湖北省で設立され、現在では中国を代表する自動車メーカーとなった「東風汽車」の大規模工場が武漢にあり、中国の経済成長の原動力の一つである自動車産業を支えている。また、日本企業でも本田技研や日産自動車が武漢に進出している（いずれも中国国営企業との合弁）。アメリカのゼネラル・モーターズやルノー、プジョー・シトロエンなどの欧米企業も進出している。

東洋経済オンライン（二〇二〇年二月一三日付）によると、自動車部品の工場もひしめき、多くの企業に部品供給を行なっている。欧州のＦＣＡ（フィアット・クライスラー・オートモービルズ）や韓国の現代自動車、ルノーサムソンの韓国工場も武漢や広州などから部品供給を受けているという。日本では、日産の北九州工場が中国の部品を使っている他、武漢に進出する約一六〇社の半数が自動車関連で、日本の自動車には武漢が深く関与している。

今や中国は、自国内での自動車需要のみならず、自動車生産における全世界的なサプライチェーン（供給連鎖）のキープレイヤーとなっているのだ。「中国がくしゃみをすれば世界が風邪をひく」という状況下で、武漢を含む湖北省全体が封鎖され、工場の生産活動が停止したことで、世界中の自動車生産は非常に大きい打撃を受けているのだ。

中国の自動車部品輸出額は約六兆円（二〇一八年）ほどで、北米向けが約三三％、アジアが約三〇％、欧州が約二二％となっている（東洋経済オンライン二〇二〇年二月一三日付）。本書執筆時点の二〇二〇年三月初旬にはまだどの程度の影響が出るのかわかっていないが、新型コロナウイルスによる都市封鎖や工場閉鎖が長引けば、これらの数字にも大きな影響が出ることだろう。

それだけではない。中国の工場で製造するこれらの部品のうち、約八割は現地調達ができているものの、精密部品・高機能部材・装置については輸入に依存している。これらの多くが日本製を占めている。日本から中国への自動車関連輸出額を見ると、自動車部品は六八五三億円で日本の自動車部品輸出全体額の約二割にのぼる。中国の工場で閉鎖が長引けば、日本の自動車部品輸出にも深刻な影響が出ることになるわけだ。

損失の経済的規模がどの程度になるのかは、現時点では推定が難しい。しかしながら、日本の自動車各社は世界での自動車販売の二―三割を中国に依存している（ダイヤモンド・オンライン二〇二〇年二月二七日付）。二〇一九年の中国での販売数はトヨタが一六二万台で世界販売台数の一七％弱、ホンダが一五五万台で三〇％、日産も一五五万台で三〇％弱を占めているのだ。工場休業によって生産が落ち込み、また需要の急速な減退も重なれば、各社とも前年比で相当な落ち込みとなることは避けられない。

また、武漢に主力工場がある東風汽車では、二月中旬時点での生産損失額を四―五％と見積もっていた（サウスチャイナ　モーニングポスト二〇二〇年二月一七日付）。この時点では、生産再開が二月一三日の予定だった。しかし、その後には三月一〇日まで企業の休業措置が延長されている。おそらく、この推定損失額は休業延長される都度、累積して行くことになるだろう。場合によっては、一〇％以上の大きな落ち込みすら起きかねないということだ。

消費の面から見れば、すでに中国の自動車業界は深刻な打撃を受けている。全国乗用車市場情報連合会によると、二〇二〇年二月一日から二三日までの乗用車販売台数は一日平均三二一二台だったという（毎日新聞二〇二〇年二月二八日付）。前年の同じ時期には平均三万台強を販売していたというから、なんと九割も販売が落ち込んだことになる。元々、二〇一九年には前年比で販売数が落ちており、景気減速の影がちらついてはいたのだが、そこに新型コロナウイルスの感染拡大が追い打ちをかけ、絶望的なレベルにまで暴落した格好だ。

もし、このまま中国全土での新型肺炎流行が長引けば、中国の自動車業界は仮に工場が再開できたとしても極めて甚大な打撃を受けるに違いない。

影響は他の産業にも

影響は自動車産業だけに留まらない。武漢には「武漢東湖国家高新技術開発区」という、東京ドーム一〇〇〇個分以上の広大なハイテク産業開発区が設けられている。中国政府が国策レベルで重点強化を推進する六つのハイテク産業開発区の中でも、北京の中関村と並んで特に注力している一大プロジェクトで、

５Ｇなど新世代の超高速通信技術の基盤を担う光電子情報産業を集約させた「中国光谷」(Optical Valley of China)、通称「東湖光バレー」が設けられている。ここにはすでに、いくつもの外資系企業がＲ＆Ｄ（研究開発）拠点をかまえている。電子機器から医療、防衛、電力など多岐にわたる業容を持つ独シーメンス社や、同じく電機事業から航空、鉄道、化学、医療、金融などに手を広げる世界的コングロマリットである米ＧＥ社など七社がすでに武漢にＲ＆Ｄ拠点を置いており、今後ますます発展する見込みだ。

こうした国内外のハイテク産業が集積した結果、電子情報産業、ハイテク製造業、新素材、バイオテクノロジー、医療機器産業などが急成長を遂げている。もちろん日本からも、ＮＥＣやパナソニックをはじめとした企業進出をしている。こうしたハイテク企業群の活動も、新型コロナウイルスの大流行によって当然ながら休業を余儀なくされている。流行が収束すれば再び高い成長率を伴った活動を再開できるとはいえ、足元での経済的ダメージは自動車産業と比較しても決して軽微なものではない。

フォーブスジャパン（二〇二〇年二月二〇日付）によると、特に、目下技術覇権を巡ってアメリカと競っている5G分野にとっては、深刻な打撃となる可能性がある。台北のTrend Forceによると、中国最大の光ファイバーケーブル製造である飛光纖光纜（YOFC）や、通信ソフト企業の烽火通信（Fiber Home）、光学コンポーネント大手のAccelinkといった武漢に拠点を置いている最先端企業は高い生産能力を持ち、世界全体の光ファイバー製造能力の四分の一を占めるという。5Gの整備には高品質の光ファイバーが不可欠だが、これらの企業が休業したことで5G関連設備の建設停滞といった事態がすでに起きつつあり、スマートフォンの製造遅延と相まって中国の5G推進にブレーキがかかるとみられているのだ。

スマートフォンで言えば、実は武漢には国内最先端の半導体工場の一つがあり、スマートフォン向けのフラッシュメモリーを生産している。もちろん、武漢だけが供給源ではないものの、武漢を含む中国国内での工場閉鎖によってスマートフォンの生産能力が落ち、今年の出荷は前年比で一〇％も落ち込む可能性があると懸念されている。

このように、武漢はハイテク分野においてもサプライチェーンの極めて重要な「鎖」の一つだったわけだ。私たちがテレビや新聞の報道で見聞きする以上に、武漢そして湖北省の閉鎖が重大な意味を持つことが、おわかりいただけただろう。

サービス産業も壊滅的⁉

これで負の影響は終わりかと言えば、さにあらず。実は武漢は著しい経済成長を受けて、サービス産業も急速に発展している。武漢のGDP成長率は中国の平均六・九％を一・一ポイントも上回り八・〇％と好調である（二〇一七年JETRO）。一人当たりGDPも一一万四五六〇元（約二〇〇万円）で、これは沿岸部の大都市にも匹敵する規模である。また、武漢の都市人口（都市部に住む人の割合）は約八〇％と中国の他の都市と比べても高く、高等教育機関や先端産業の拠点があることもあり二〇～三〇歳代の人口も多い。こうした事情を背景にして非常に消費が強い街なのだ。全国の都市別社会消費品小売総額で見ると、湖北省は全国でも七番目に消費が多く、しかも毎年一〇％超のペースで消費が伸びているという。

こうした旺盛な消費意欲を取り込むべく、外資も積極的に参入している。ウォールマート、メトロ、カルフールなどのスーパーなどの他、北欧家具量販のイケア、衣料品のＺＡＲＡ、Ｈ＆Ｍ、ＧＡＰ、さらにチョコレートのゴディバ、コーヒーチェーンのスターバックスなどもすでに店舗展開している。日本からもイオンモールが四店舗をかまえ、ローソン、セブンイレブンといったコンビニも進出している。ユニクロ、無印良品、吉野家といった中国沿岸部でも大きく展開している企業も、もちろん進出ずみだ。

もちろん、地場企業も負けてはいない。武商集団、中商集団、中百集団の三大集団がテナントを積極的に誘致し、顧客囲い込みに注力している。こうした小売各社の競争が、急拡大する武漢の消費需要を飲み込み、急速なサービス業の成長につながっているのだ。二〇一七年の社会消費品小売総額は六一六九億元、日本円にして一〇兆円弱という経済規模である。比較のため少々古いデータを参照するが、二〇一一年の都道府県別の商業年間商品販売額を見ると、千葉県が約一〇兆円でちょうど匹敵する。

こうした経済規模の大都市が封鎖され、企業が休止しているのである。当然ながら、この千葉県に匹敵する規模の一大消費地での消費落ち込みは想像を絶する甚大なものとなっている。前述したイオングループは、武漢にある三つのショッピングセンターを閉鎖している。ユニクロは武漢の一七店舗を含む中国全土の一六〇店を閉鎖、無印良品は武漢などの五九店舗を閉鎖した。また、ローソンでは武漢近辺の四〇〇店のうち、約二五〇店を休業しているという。

春節明けの二月上旬から売り上げはまったく立っていない状態にも関わらず、固定費などはかかる上、自宅待機している従業員への補償なども必要となるため、最終的には大きな損失を抱えることになるとみられる。

最終的な経済損失の規模はいまだ見えていないものの、武漢と湖北省だけで見ても相当な打撃となることはもはや疑う余地はないだろう。しかも、その影響は中国一国に留まらない。特に経済的なつながりが深い日本企業の影響は、中国に次ぐ大きなものになることを覚悟すべきだ。

新型肺炎発の流通パニックが私たちの生活を破壊する⁉

封鎖を余儀なくされている武漢を軸に、サプライチェーンの分断と経済的な影響について見て来たが、コトはすでに武漢や湖北省といった一地域に留まらない事態になりつつある。感染拡大の封じ込めのため、中国政府は民主主義国家では想像できないような強力な規制を発動し、ヒトとモノの移動を制限しているが、それによって世界中のサプライチェーンがいよいよズタズタに引き裂かれようとしているのだ。

特に深刻なのは、対中依存度が大きい日本である。すでに連日のニュースにもなっているが、感染予防のためにマスクの需要が激増し、全国のほとんどの

郵 便 は が き

料金受取人払郵便

神田局
承認

5628

差出有効期間
令和2年12月
31日まで

[切手不要]

101-8791

503

千代田区神田駿河台2-5-1
住友不動産御茶ノ水ファーストビル8F
㈱第二海援隊
「浅井隆特別講演会」担当 行

2020年　講演会 参加申込書

お名前	フリガナ	男・女	年 月 日生 歳

●ご希望の会場に印をお付け下さい

□ 4/28 東京　□ 4/30 大阪　□ 5/1 福岡　□ 7/3 札幌

●送付先住所をご記入下さい	●参加人数
ご住所 〒	名

TEL	FAX
e-mail	

ご記入いただいた個人情報は、書籍・レポート・収録CD等の商品や講演会等の開催行事に関する情報のお知らせのために利用させていただきます。

《お問い合わせ先》　㈱第二海援隊 担当：稲垣・齋藤
TEL：03-3291-6106 ／ FAX：03-3291-6900
URL http://www.dainikaientai.co.jp　e-mail info@dainikaientai.co.jp

スーパーやドラッグストアからマスクがなくなっている。さらに、ＳＮＳを発信源としてデマが拡散、トイレットペーパーやキッチンペーパーなどの紙製品も売り場からすっかり姿を消した。「マスクと原材料が同じだから、マスク生産に材料が回るとトイレットペーパーなどが枯渇する」という話らしいが、少し考えればわかるような嘘が、買い占めを引き起こしたのである。

こうなると、もはや理屈や道理など通用しない。単に「必要な時に買えなかったらどうしよう」という恐怖心理が働いているだけなのだが、一度こうなると手を付けられないのが群集心理の厄介なところである。挙句、マスクが入荷されると人が殺到し、整列を乱して奪い合ったり、ひどい例では女性同士が馬乗りで殴り合ったりという事件も起きている。

たかがマスク、しかもウイルス防御にはほとんど効果がないことが科学的にもわかっているものにも関わらず、このような事件が起きるとは実に嘆かわしい限りである。

こうした事件の一端に、「自分さえ良ければ良い」「今さえ良ければ良い」という、現代日本人の民族性としての劣化がありありと見て取れる。

話を戻そう。そのマスクの生産は、多くを中国に頼っているためそう簡単に供給が回復しないと見られているが、実は問題はマスクだけではないのだ。たとえば、「百均」として有名な百円ショップでは、価格が非常に安い中国製の商品を数多く取り扱っている。こうしたものの中には、日本人が大量に消費するものも含まれており、在庫の払底が懸念されている。

さらに深刻化する可能性があるのは食料品だ。スーパーに行けばすぐにわかるが、野菜類には中国産が非常に多い。すでに一部商品は中国からの入荷が細り、価格が高騰し始めているという。日本では野菜の流通量の約二割が輸入頼みで、その半分は中国産である。中でもにんにくは輸入の六割、しょうがは三割、玉ねぎは二割が中国産で依存度が高い（日本経済新聞二〇二〇年二月二八日付）。低価格を売りにする外食チェーンや、大手メーカーが製造するドレッシングや冷凍食品、スーパーが販売する総菜などでは、原材料に中国産の野菜や食料品を使用することも多いが、品薄状態によって仕入れ先を切り替えるなどの対応を迫られている。

国産に切り換えれば原価が上がるため、場合によっては価格の引き上げや供給の一時ストップといった事態にも発展しかねないわけだ。また最悪の場合、マスクやトイレットペーパーのように、一部の食品の買い占めや欠品騒ぎなどが起きることすら想定しなければいけないということになる。

この他にも、影響は意外なところにも出ている。なんと、住宅業界が受注停止や納期遅れという事態に陥っているのだ。中国に関連しているのは、トイレやキッチン、ユニットバスなどの住宅設備を生産するメーカーだ。主な部品調達先が中国で、それを日本で組み立てているのだが、部品供給が滞ったことで受注停止、納期遅れにつながっているというのだ。

ＮＨＫの取材によると、ＴＯＴＯ、ＬＩＸＩＬといった主要住宅設備メーカー一〇社に取材したところ、ほとんどの会社がそうした状況に陥っているという（ＮＨＫ　ＮＥＷＳ二〇二〇年三月三日付）。温水洗浄付きトイレ、システムキッチン、ユニットバスの他にも、食洗器やＩＨ調理器でも納期遅れが出ており、影響は広範にわたっていることが伺える。

さらに、こうした住宅設備の不足は関連する業界にも波及している。リフォーム工事を請け負う会社では、こうした設備を買い付けて設置工事を行なうわけだが、モノがないため工事が進められない。リフォームを委託する人の中には、住宅ローン控除を当て込んで工期を設定しているため、工事の遅延によって控除が受けられず、より高くついてしまうケースが出そうなのだ。

住宅ローン控除だけでなく、そもそも住宅に住めないという例すら出始めている。中国製の住宅設備がそろわず、水回り工事が完了しないため、着工中の一戸建ての引き渡し目途が立たないケースや、春から入居予定の新築賃貸マンションに引っ越しができないなどのケースが出始めているというのだ。

当事者にしてみれば、新型コロナウイルスの影響で、そもそも家に移り住むことができないなどとはよもや夢にも思わなかったことだろう。しかし、これが「サプライチェーン分断」が引き起こす現実なのだ。

このまま感染拡大が長期化し、様々なモノの流通が滞るようになれば、必然的に買い占めや売り渋り、入荷日に人が殺到してのトラブルなど、様々なパニック的状況が至るところに出現することになる。その時私たちは、私たちが自負する「礼儀正しく冷静で穏便な日本人」とは違う、人の醜いありさまを見ることになるだろう。

しかしながら、残念なことにこれはいかに私たちが理性的であろうと努めても、必ず起きることである。そうした最悪の事態をいかに想定し、いかに備えるか。これからの時代は、私たち一人一人の「サバイバル能力」が大いに試される時代となるだろう。

第六章　香港経済壊滅

未曾有の難局に陥った香港経済

「香港は『津波のような』衝撃に直面」（ブルームバーグ二〇二〇年二月一七日付）している――二〇二〇年二月一六日、香港の陳茂波《ポール・チャン》財政官はこう危機感を漏らした。無理もない。香港経済はこの数十年で最悪の状態にある。

ご存じの通り、長期化していた反政府デモと新型コロナウイルスによってだ。世界最高峰とされる金融セクターである香港で金融危機が起これば、その影響が瞬く間に世界へ伝播されることは間違いない。それは、新型コロナウイルス感染の恐怖とは異次元のものとなり、世界恐慌に発展する可能性をも秘める。

「香港は今、本格的な銀行危機に見舞われようとしている」（ブルームバーグ二〇二〇年一月一六日付）。私が以前に取材したことのある米ヘッジファンド、ヘイマン・キャピタル・マネジメントのカイル・バス氏は、ブルームバーグのインタビューに対し、こう断言した。同氏は先のサブプライム・バブルを予測して多額のリターンを上げたことで知られる。

ブルームバーグはそんなバス氏の動向を以下のように伝えた——「香港ドルを売り持ちにしているヘッジファンドマネージャーのカイル・バス氏は、一〇年前にアイスランドやアイルランドを混乱させたような銀行危機が二〇二〇年に香港で起きると見ている。ダラスを拠点とするバス氏は、香港経済がリセッション（景気後退）入りしていることや域内総生産（ＧＤＰ）に対する銀行資産の高い比率、政治的混乱に伴う小売売上高の急減を指摘。ヘイマンはこうした状況のヘッジとして、香港ドルに対して米ドルが値上がりする取引に賭けていると話した」（同前）。

バス氏によると、香港の銀行総資産はＧＤＰ（域内総生産）のほぼ九〇〇％と「世界でもっとも高い」（大紀元二〇一九年六月一四日付）。この比率は、二〇〇二年の四六〇％からほぼ倍増した。これは香港の民間セクターが債務まみれになっているという証左であり、また域外にも多額の貸付けをしていることを意味する。バス氏に言わせると、反政府デモや新型コロナウイルスの影響で香港はリセッション入りしていることもあり、不良債権の増加は避けられないというわけだ。

現在の香港は、過去四〇年で三度目となるリセッションに突入している。一度目はアジア通貨危機（一九九八年）でマイナス五・九％を記録。二度目はリーマン・ショック（二〇〇九年）でマイナス二・五％を記録した。

ちなみに、今回の新型コロナウイルスとの類似性が指摘されるＳＡＲＳ（重症急性呼吸器症候群）の際は、マイナス成長を免れている。香港政府によると、二〇一九年の実質ＧＤＰ（域内総生産）成長率はマイナス一・二％と、リーマン・ショック以来初めてとなるマイナス成長を記録した。前の二度の危機に比べると、今回（二〇一九年）のマイナス成長率は相対的に低いと思われるかもしれない。しかし、率直に言って香港経済はかなり危険な状態にある。

たとえば、香港全体の企業景況感を示すＩＨＳマークイットＰＭＩ（大手調査会社ＩＨＳマークイットが発表している購買担当者景気指数。購買担当者を対象にしたアンケート調査。景気の先行きを占う上で重要視される指標であり、

香港の実質経済成長率の推移

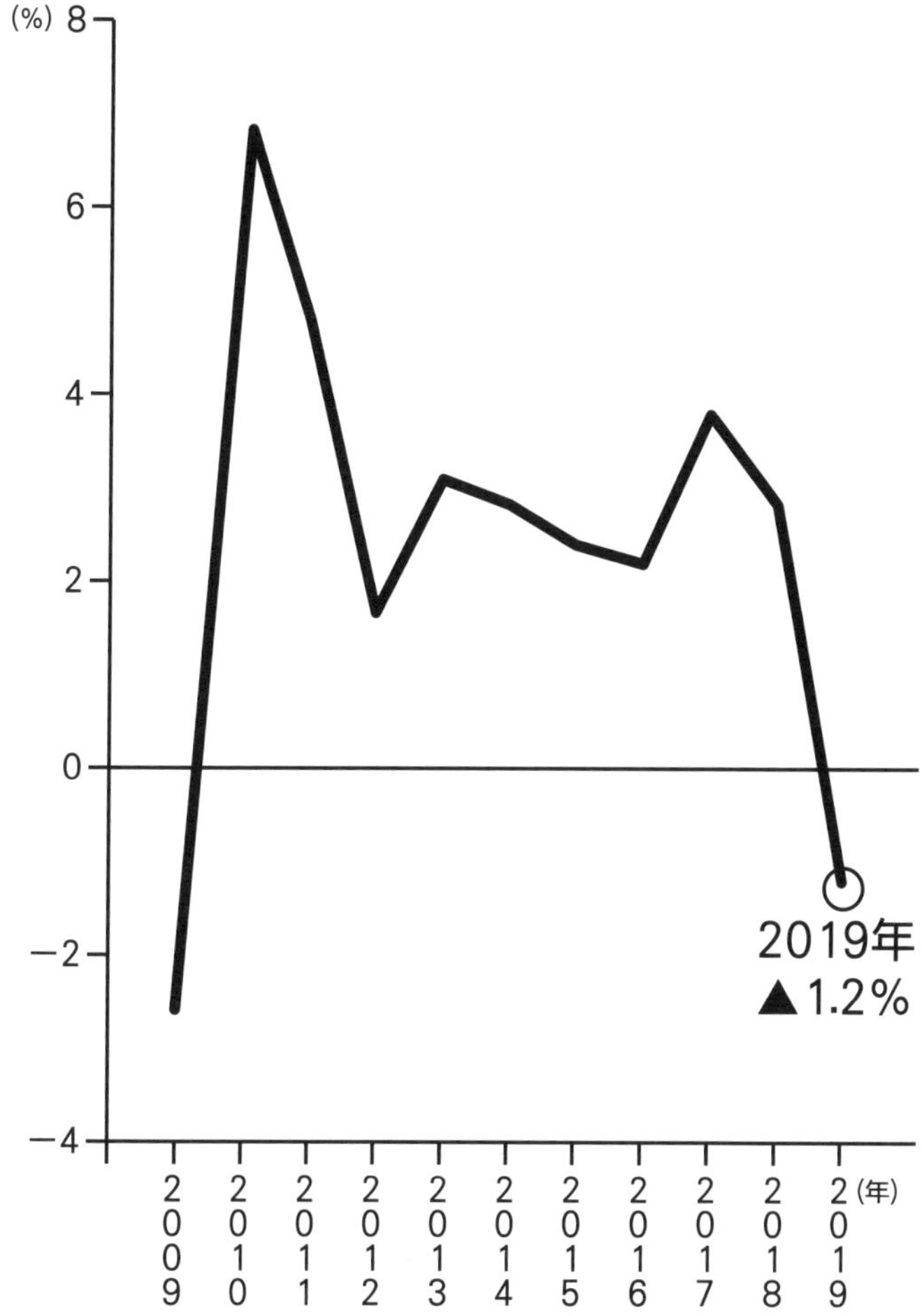

香港政府のデータを基に作成

五〇を分岐点として、これを上回れば景況感が良いとされ、下回ると悪いとされる）は、二〇二〇年二月に三三・一と、先のＳＡＲＳやリーマン・ショックの水準を下回り過去最低を記録した。香港のＰＭＩは反政府デモの影響もあり、二〇一八年四月以降、分岐点となる五〇を一貫して下回り続けている。同エリアがかつて経験したことのない深刻な状況だ。

昨今の香港は政情不安と新型コロナウイルスという組み合わせに加え、経済的に依存を強めて来た中国本土の景気失速という三重苦に見舞われており、決して予断を許さない。過去二度のショックは翌年にＶ字回復を果たしたが、今回はそうは行かず、二年連続でマイナス成長を記録する見込みだ。

二〇二〇年二月初めにブルームバーグが集計したエコノミスト予想（中央値）では、同年の成長率はマイナス一・二％が見込まれている。悲観的な向きでは、フランスの投資銀行ナティクシスの呉卓殷アジア太平洋エコノミストが、マイナス四％成長のシナリオを示した。これらの予想が当たれば、香港では史上初となる二年連続のリセッションとなる。そして、この間に多くの問題が噴出すると予想したい。最悪の場合、パンパンに膨れ上がった債務が火を噴くことで香港発のグローバル金融危機も起こり得る。

閑古鳥が鳴く香港の観光業界

名目ＧＤＰに占める観光の割合が二一％と他国に比べても高い香港で、このほど香港政府観光局から衝撃的な数字が発表された。二〇一九年の香港への訪問者数が前年比でマイナス一四・二％を記録したのである。常に観光業界が賑わいを見せている香港で、二〇〇三年のＳＡＲＳ以来の衝撃と受け止められた。

さらに衝撃的なのは、二〇二〇年一月の数字である。同月の訪問者数（速報値）は三二一万人と、前年同月比で五三％減となった。しかし、これでも一日あたり一〇万人以上が香港を訪れているということになる。それが二〇二〇年二月には目も当てられない数字となった。なんと、一日あたりの訪問者数が三〇〇〇人未満にまで落ち込んだのである。前年同月比で九九％減だ。まさに

「閑古鳥が鳴く」という表現がふさわしい。この結果を受け、ブルームバーグ（二〇二〇年二月一五日付）は「香港に新型ウイルスの巨大な爪痕」と報じ、驚くほどの減り方だと伝えた。

当然、観光業が落ち込めば小売りもそれに連動する。香港政府が発表した二〇一九年の小売売上高は、前年比一一・一％減。反政府デモが激化した同年一〇～一二月期の小売売上高（数量ベース）は過去最悪の二四％減を記録した。これに続き、新型コロナウイルスの影響が出る二〇二〇年一月以降は、最悪の数字が乱発すると予想されている。完全に〝商売あがったり〟だ。

香港で二〇以上の五つ星ホテルやレストランに商品を供給しているオリーブズ・アンド・オイルズ（オリーブ販売事業）の創業者、トム・ベネルさんはロイター（二〇二〇年二月一八日付）の取材に、ただでさえ反政府デモによって主要顧客であるホテルやレストランから客足が遠のいていたところに新型コロナウイルスによって痛撃を食らった心情を吐露している――「（新型コロナウイルスが）とどめの一撃になりそうだ。恐ろしい。これまでで最悪の事態だ。信じられない」（ロイター二〇二〇年二月一八付）。ベネルさんは、節約のために一〇代の息子二人をインターナショナルスクールから退学させ、この先の状況が改善しないようなら一九九三年から住み続けて来た香港を離れるかもしれないと話す。

日本人は香港と聞くと真っ先に金融業を思い浮かべるかもしれないが、実は「金融」と「貿易」、そして「観光業」と「小売り」が両輪のように動くことで経済が活性化されて来た。しかし、現状は金融を除くすべての分野が深刻な状況に立たされている。前出のロイターは次のように記事を締めくくった——「チョン・クォックツィンさん（六一）は、これまでペニンシュラ・グループ傘下のレストランなどで月に二週間働いて日給八〇〇香港ドル（約一万一〇〇〇円）を稼ぎ、家賃その他の生活費をなんとか賄っていた。これらのレストランは、二月に入って二日しか営業していない。『食費さえ賄えない。どうしようもない。時にはパン数枚で終わることもある』とクォックツィンさんは嘆いた」。

香港経済は、壊滅寸前である。

香港と中国本土は〝一蓮托生〟

「香港は昨年、米中の貿易戦争や社会不安に悩まされた。ようやく立ち直ろうとしたところで、今度は新型コロナウイルスの感染が拡大。これでは三重苦だ。香港がかつての栄光を取り戻すことはないだろう。終わりの始まりだ」（ロイター二〇二〇年二月一八日付）——香港の地場証券、智易東方（GEOセキュリティーズ）の藺常念《フランシス・ラン》CEO（最高経営責任者）は、香港の先行きに極めて暗い見通しを示している。香港が、国際金融センターとしての地位を失うという最悪のシナリオだ。

香港の面積は東京都の二分の一で、人口も七四三万人あまりだが、預金総額は一兆七三〇〇億ドル。これは、シンガポールの預金総額（五〇三八億ドル）の三倍以上の規模だ。クレディ・スイスの二〇一八年のレポートによると、個人資産一億ドル以上の資産家の数が八五三人と、これもシンガポールの二倍にのぼる。確固たる国際金融センターの地位を築き上げて来た香港だが、昨今では中国本土が発展して来たため存在感の低下が叫ばれるようになって来た。

事実として香港が中国経済全体に占める割合は、一九九七年に中国が香港の管轄権を回復した当時と比べて大幅に縮小している。一九九七年のそれは一八・四％であったが、直近では二・七％にまで低下した。二〇一八年にはお隣の深圳市にもＧＤＰで抜かれている。

それゆえ、昨今では香港を軽視する声も中国本土から聞こえて来たりもするが、実際のところは香港と中国本土は一蓮托生の存在だ。言い方を変えると、「香港が傾けば中国本土も傾く」、というより「大きく傾く」。

その理由は、中国本土が金融面で多くを香港に依存しているからだ。端的に言うと、中国本土は香港の株式、債券市場、通貨を利用して外国資金を呼び込んでいる。また、中国からの対外直接投資（ＦＤＩ）のほとんどが香港経由だ。

外国企業も、香港を中国本土への足掛かりとしている。直近（二〇一八年までの）三年間で中国は最大のＦＤＩの受け手となっているが、実はこの外国から中国への直接投資の大半は香港経由だ。

「エコノミストのジョージ・マグナス氏によれば、香港は法の支配、有能な規制当局、低い税率、自由な資本移動、英語の使用といった面で中国本土のライバル都市との違いが際立っている。上海も中国各地の自由貿易試験地区も、『香港のありようと香港が果たしている役割には、とてもかなわない』と同氏は語る」(ウォールストリート・ジャーナル二〇一九年一〇月二三日付)。

ご存じのように、中国本土では依然として厳格な資本規制が実施されている。中国当局が金融市場や銀行システムに介入することは日常茶飯事だ。一方の香港は世界に開かれた市場であり、資金調達の場としても世界有数の存在である。二〇一九年の各証券取引所のIPO(新規株式公開)ランキングでも香港は、ニューヨーク証券取引所と米ナスダックに次ぐ世界第三位。シティを誇るロンドンよりも上だ。

香港が国際金融センターの地位を確立できたのは、中国本土と異なる独自の金融システムと法体系を持っているということに尽きる。それは世界水準のもので、外国人投資家が香港を好むのは当然だ。そして香港が中国本土と異なるシステムを持てるのは、なんと言っても「中英共同宣言」（一九八四年に中国政府と英国政府が取り決めた、一国二制度を活用した香港の中国本土への返還を定めた共同宣言。具体的には中国は香港に社会主義を適用せず、五〇年間は資本主義を採用するという高度な自治の保証）のおかげである。

一国二制度の下では、香港は中国本土にない独立的な司法など自由が保障され、中国政府とは関係なく貿易や投資に関する協議ができる国際的な地位を有しており、たとえば米中貿易戦争における関税は香港には適用されない。現在でも、香港の港が中国の輸出入のかなりの部分を取り扱っている。

中国本土からは、「香港はいらない。今後は上海や深圳が国際金融センターの地位を担う」という威勢のよい声が聞こえて来るが、中枢は香港が必要な存在だと理解しているはずだ。香港は依然として必要だ、と。そして、外国人投資家にとっても、開かれた香港は中国本土への入り口として必要なのである。

今では世界的に有名な阿里巴巴集団（アリババ・ホールディングス）や騰訊

控股（テンセント・ホールディングス）、さらには中国工商銀行（ＩＣＢＣ）といった中国の大手企業は、実は中国本土で証券取引所に上場していない。香港で上場している（アリババはアメリカとの二重上場）。国有か民営かに関わらず、大手中国企業は香港で上場（資金調達）して国際的に展開するケースが多い。

ちなみに、企業の登記場所も主要活動拠点も資本も中国本土に置いている企業が香港取引所に上場すると「Ｈ株」と呼ばれ、中国国外で登記して香港取引所に上場している企業の銘柄は「レッドチップ」と呼ばれている。これらの売買通貨は香港ドルだが、海外投資家にとって取引通貨が米ドルにペッグされているというのは大きな魅力だ。ロイターによると、二〇一八年の中国企業による新規株式公開（ＩＰＯ）を通じた資金調達額は六四二億ドルと世界全体のＩＰＯ総額のほぼ三分の一に相当したが、上海・深圳における調達額は一九七億ドルと香港上場での調達額三五〇億ドルを大幅に下回る。

以前は、中国人は中国人でありながら香港に上場した中国企業の株を買えなかった。ただし、近年は香港と上海・深圳の株式相互接続制度（ストック・コネクト）によって売買できるようになっており、外国人が中国本土の株式に投資する際も主にこのストック・コネクトが利用されている。「グローバルな投資家にとって、上海と深圳は以前よりも利用しやすい市場になってきた。ただ投資家は通常、香港の法的保護を好むほか、本土市場に対しては資金の引き揚げが難しいなどといった懸念を抱いている」（ウォールストリート・ジャーナル二〇一九年一〇月二三日付）。

中国企業は、借り入れの面でも香港を頼りにしている。中国企業には、本土（オンショア）で起債するのと本土以外（オフショア）で起債するという二つの選択肢があるが、オフショアで起債するケースでは香港の債券市場が占める割合は圧倒的に多い。オンショアよりも長期の借り入れができる他、米ドル建てで起債できるのも魅力のようだ。

また、香港は人民元の取り扱いの場所としても中国政府と海外投資家の両方から重宝されている。不思議に思うかもしれないが、人民元の一日の平均取引高は（僅差ではあるものの）中国本土よりも香港の方が多い。中国政府からすると、香港はオフショア市場とはいえコントロールが効きやすい（中国人民銀行は香港のオフショア人民元市場に債券市場などを通じて実質的に介入できる）。

このように、中国本土にとって香港という国際金融センターは経済成長のためにも必須の存在だ。（香港は）「世界水準の金融システムと法体系があるからこそ、経済規模以上の存在感を放っている」（ロイター二〇一九年九月五日付）。

そして今、香港の国際金融センターとしての地位が危ぶまれている。

揺らぐ国際金融センターの地位

二〇一九年くらいから、国際金融センターとしての香港の地位が揺らぐのではないかという声が市場関係者から出始めた。

その理由は二つある。まずは、アメリカで「香港人権・民主主義法案」が可決したこと。もう一つは、香港ドルのペッグ制が崩壊の瀬戸際にあることだ。

米国政府は一国二制度（五〇年間にわたる香港の非常に高度な自治）を根拠

に、香港に特別な地位を付与した一九九二年の法律（米国・香港政策法）を維持している。その特別な地位のもっとも重要な要素の一つは、前述したように香港からの輸出にはアメリカが課す対中関税が適用されないことだ。さらには、ビザ発給面でも優遇している。

しかし、香港政府が導入を進めようとした「逃亡犯条例」に端を発した反政府デモが勢いづいたこともあり、米国内で香港に高度な自治権があるかどうか疑問とする声が高まった。彼らは香港で高度な自治の保障がなくなれば、前述の特権を廃止すべきだと言う。そこで二〇一九年末にアメリカで「香港人権・民主主義法案」が可決した。これは、米国務省が少なくとも年一回、アメリカが香港に通商上の優遇措置を与えるのが妥当かどうか（香港の自治が認められているかどうか）を精査するというもの。さらには中国本土への容疑者引き渡しに関与した人物に対する資産凍結や入国禁止といった制裁も盛り込まれた。

これにより、香港が近い将来特権を失うのではないかという危惧が出ている。

仮に特権を失えば、今まで果たしていた香港の役割が果たせなくなり、引いては中国本土に甚大な影響が出ることは必至だ。香港からキャピタル・フライト（資本逃避）が起こることは必至であり、すでにその兆候は出ている。

キャピタル・フライトが持続的かつ激しさを増せば、香港発の金融危機が起こる可能性が高い。もっとも、アメリカにもその影響は跳ね返る。米国務省によると二〇一八年時点で香港にはおよそ八万五〇〇〇人のアメリカ人が居住し、ほぼすべての大手金融機関を含む一三〇〇余りの米企業が展開していた。また米通商代表部（ＵＳＴＲ）によると、二〇一八年のアメリカと香港の貿易額は推定六七三億ドル。貿易赤字に悩むアメリカだが、香港は貿易黒字を計上できる貴重な地域だ。

ちなみに、アメリカの対香港の貿易黒字額は国・地域別でもっとも大きい。これは香港が対米法務・会計サービスの主要な輸出地域であることが関係している。すなわち、米企業にとっても香港は必要であるが、香港人権・民主主義法案が可決した意味は大きい。この法案は象徴的な意味に過ぎずアメリカの対中交渉カードの一枚でしかないという指摘もあるが、現にキャピタル・フライトが起こっている。「海外の投資家はシンガポールなど、税率が低く法体系への信頼度が高い別の金融センターに機会を求めようとしてもおかしくない」（ロイター二〇一九年九月五日付）。

こうした懸念は、香港ドルのペッグ崩壊という懸念につながっている。

香港発のパーフェクト・ストーム（究極の嵐）に警戒を

「著名投資家のジョージ・ソロス氏は、アジア金融危機さなかの一九九八年に香港ドルと米ドルのペッグを外そうと仕掛けたが失敗した」（ブルームバーグ二〇一九年八月二八日付）。

ブルームバーグによると、あのブラックウェンズデー（暗黒の水曜日。一九九二年九月一六日に起きた英ポンド危機）を仕掛けたソロス氏でさえ断念した取引に今、改めて挑戦している連中がいる。記事はこう伝えている――「ヘイマン・キャピタル・マネジメントのカイル・バス、クレスキャット・キャピタルのケビン・スミス、トリウム・キャピタルのトーマス・ロデリックの三氏は共に香港の混乱が資本流出につながり、金利を押し上げ、香港経済を三〇年余り支えてきたペッグ制を当局が放棄せざるを得なくなると見込んでいる」。

第四章で述べたように、中国本土の債務問題もかなり危険な状態にあるが、香港の債務残高はまさに最悪のレベルだ。BISの推計では、二〇一八年末時点の香港の企業債務の対GDP比は驚愕の二一九・四％。これに家計債務を加えた、いわゆる民間セクターの合計の債務残高は同時点で二九一・六％に達する。日本のバブル崩壊時も企業セクターの債務残高が問題視されたが、ピーク時（一九九三年三月末）でも一四七・六％であった。

ブルームバーグで取り上げられた米ヘッジファンド、ヘイマン・キャピタル・マネジメントのカイル・バス氏は近年、香港発の金融危機に警鐘を鳴らしており、冒頭で指摘したようにバス氏によると、香港の銀行システムのレバレッジ率はGDP（域内総生産）のほぼ九〇〇％と世界でもっとも高い。バス氏は、香港ドルが大きく下落する事態を見込んでいる。香港ドルは世界最長の通貨ペッグを採用しており、一九八三年から今まで一米ドル＝七・七～七・九香港ドルという極めて狭い範囲で取引されて来た。この安定した通貨価値が、香港に拠点をかまえる多くの証券会社や金融機関にとって仕事をしやすくし、香港は世界でも類をみない金融セクターに成長できたのである。

香港ドルは米ドルと連動しているため、通貨の価値を安定的に保つにはＦＲＢ（米連邦準備制度理事会）の金融政策に追随すればよい。ところが、反政府デモや新型コロナウイルスの影響によって最近の香港経済は利上げできるような状態では決してない。そもそも、民間の債務も対ＧＤＰ比で二九一・六％もあるため、利上げすればこれらが吹き飛ぶ恐れがある。ＦＲＢは二〇一九年から利上げを暫定的に停止しているが、それでも香港ドルの下落圧力が収まる様子はない。香港の金利の方が高いにも関わらずだ。

「現在、香港の金利が米国の金利を上回っているにもかかわらず、香港ドルは弱い。大和キャピタル・マーケッツのアジア（日本除く）担当チーフエコノミスト、ケビン・ライ氏は、これが継続的な資本流出を示すと述べた。同氏は一七年初めからの流出額は四七〇億米ドルに達すると推計している。最近になって住民が海外に資金を移動させている証拠もある」（ウォールストリート・ジャーナル二〇一九年八月二七日付）。

事実、香港を〝脱出〟する人も増えて来た。ブルームバーグ（二〇二〇年二月一九日付）は以下のように現状を伝えている――「ニュージーランド生まれのイアン・ジェーコブ氏は約一五年間住んでいる香港を離れることを決めた。建築資材メーカーを経営する同氏と妻は昨年、政情不安を懸念していた。混乱によって学校が一時閉鎖された後は特に心配になった。『事態がどんどん悪くなるのを眺めていた』と同氏は振り返る。今年になると今度は、新型コロナウイルス流行のため学校が再び休校となった。一〇歳の娘の自宅学習がさらに続くことを心配した両親は、ニュージーランドのオークランドに緊急避難。香港での学校の年度が終わったら、ニュージーランドに引っ越そうと考えている。（中略）香港を去ることを考えている人の数についての統計はないが、外国人の気持ちが脱出に傾いていることを示す兆候として、海外への引っ越しに関する問い合わせが増えている」（ブルームバーグ二〇二〇年二月一九日付）。

バス氏によると、香港人の四～五％が行動すれば（キャピタル・フライトを起こせば）金融システムはダウンするようだ。氏は、香港の事実上の中央銀行であるＨＫＭＡ（香港金融管理局）が香港ドルの価値を保つために金融を引き締めた結果、銀行システムの流動性が過去一〇年で類をみないほどに低下している点に着目。急激な減少は危機の前兆であるとの見方を示し、香港が史上最大の金融時限爆弾を抱えているとウォールストリート・ジャーナルで断言した。

反面、香港ドルのペッグ制にはかつて幾度となく起きた危機を乗り切ったという実績がある。アジア通貨危機の時も、新型肺炎（ＳＡＲＳ：重症急性呼吸器症候群）の時も危機が叫ばれたが乗り越えた。とはいえ、アジア通貨危機の時はペッグ制が維持された代わりに不動産価格が犠牲となっている。当時、ＨＫＭＡは香港ドルのペッグ制を維持するために一晩のうちに政策金利を二〇％まで引き上げ、結果として資産価格が急落した。その後、香港の不動産価格は六年にわたって下落し、価格は三分の一にまでなっている。

過去の実績から「香港は今回も大丈夫」という向きもあるが、果たしてどうか。結論からすると、今回の危機は今まででもっともひどくなりそうだ。かつては中国本土という助け船があったが、今回はその中国本土もかつてない失速の兆しをみせている。しかも、累積債務残高は過去最悪レベルだ。香港発で危機が起き、中国本土も巻き込まれる可能性も十分ある。

先のリーマン・ブラザーズの破綻では、大手金融機関の間でも疑心暗鬼から個別の銀行や証券会社に新規に資金を融通しなくなったり、資金を回収したりした。近年の世界経済はつながりを深めており、金融機関の破綻などでショックが起きるとリーマンの時のような流動性の危機が起こる恐れもある。バス氏が言うように、「香港は史上最大の金融時限爆弾だ」。

〝HSBCショック〟というブラック・スワン

「少し前まで、英金融大手HSBCは世界最大の時価総額を誇る銀行だった。

ここ一〇年ほどで規模が縮小したとはいえ、今も二兆七〇〇〇億ドル（約二九三兆円）の資産を保有し六五の国と地域で事業を行う巨大銀行であることに変わりはない。グローバリゼーションといえばＨＳＢＣを連想するほどだ。ところが少なくとも稼いでいる場所という点では、実のところ全くグローバルではない。公表済みの最新決算期の二〇一九年七～九月期でみると、ＨＳＢＣの設立母体である香港上海銀行という名が示す通り、利益の八〇％を香港と中国本土であげていた」（フィナンシャル・タイムズ二〇二〇年一月六日付）。

誰もが知る世界的な大手銀行、ＨＳＢＣを取り巻く環境が激しさを増している。ＨＳＢＣは、とりわけリーマン・ショック以降、沈み行く欧米ではなくアジアの成長にベッティングすることで利益を生み出して来た。

しかし現在、そのアジアがもがき苦しんでいる。利益の多くを依存する香港と中国本土は瀕死の状態だ。ＨＳＢＣの二〇一九年の決算は前年比で三三％の減益となったが、これは「欧州の投資銀行・商業銀行部門に関連した減損処理が響いた」としている。二〇二〇年も逆風に見舞われそうだ。

ＨＳＢＣは、新型コロナウイルスの影響によってスタッフや顧客に大きな影響があり、長期的に収入が減少する他サプライチェーン（供給網）が阻害される中、不良債権が増加する可能性があると説明。同行の最高財務責任者（ＣＦＯ）を務めるイーウェン・スティーブンソン氏は、新型コロナウイルスの感染拡大が二〇二〇年後半も続いた場合、貸倒引当金（金銭債権の貸倒見積高を計上することにより生じる引当金である。貸方に計上される勘定であるが、貸借対照表上は評価勘定として資産から控除される形で表示される。つまり勘定科目では資産のマイナスを意味する）が六億ドル増加する可能性があるとの見方を示した。

格付け大手ムーディーズ・インベスターズ・サービスのシニア・クレジット・オフィサーであるソニー・シュー氏は、ロイター（二〇二〇年二月二六日付）で香港の企業が反政府デモに加え新型コロナウイルスで打撃を受けていることから不良債権やクレジットコストの問題が出て来ると指摘。経済活動の混乱が長引けば銀行の資産の質が悪化し収益も落ち込むため、格付けにとってはマイナスだと警鐘を鳴らした。

ちなみにＨＳＢＣを含め、香港の銀行の中国に対するエクスポージャー（リスクに晒されている度合い）はアジア地域で最大。格付け大手フィッチ・レーティングスによると、二〇一九年上期の銀行システムにおける資産の二九・四％は対中エクスポージャーであった。

また、その香港に対してはイギリスの銀行が多くのエクスポージャーを抱えていることが問題視されている。「英銀の（弊社編集部注：対香港）エクスポージャーが桁外れに大きいことを理由に英中銀は香港情勢を特に懸念しており、同中銀によると、香港への英銀エクスポージャーの合計は現時点で普通株式ティア１資本の約一六〇％に達するという」（ブルームバーグ二〇一九年一二月一七日付）。もはや中国本土も香港も、そしてイギリスも一蓮托生のようだ。

以前にもＨＳＢＣの破綻説は流布されたが、今回も杞憂だと信じたい。ＨＳＢＣほどのグローバル銀行が経営危機に陥れば、それは先のリーマン・ブラザーズの破綻を上回るショックをもたらすだろう。

ＨＳＢＣも必死だ。同行は二〇二〇年二月、先の金融危機以来でもっとも大掛かりな事業再編計画を発表。一〇〇〇億ドル規模の資産圧縮を進め、向こう三年で三万五〇〇〇人の人員を削減した。しかし、この発表の直後に株価が三・二％安となり、投資家の同行に対する不安を浮き彫りにしたのである。

二〇二〇年一月を起点として「今後一二～一八ヵ月の間に銀行危機が起こる」と断言する米ヘッジファンド、ヘイマン・キャピタル・マネジメントのカイル・バス氏は、ＨＳＢＣの最高リスク管理責任者が二〇二〇年一月に突如として辞任することになったことを挙げ、「すべての兆候は、ここにある」と記した。

ＨＳＢＣの経営に差し迫った危機の兆しはないが、多くの投資家は不安視している。もちろん、ＨＳＢＣに限らず香港の銀行が傾けば、中国本土やイギリスを中心に世界中に危機が伝播するはずだ。極めて注意が必要な段階に入っている。

第七章　北朝鮮は国家存亡の危機

北朝鮮は「もってあと一五日」!?

『「もってあと一五日」』金正恩、新型肺炎で体制の危機」――これは、二〇二〇年二月七日付のニュースだ。「もってあと一五日」とはなんとも衝撃的な見出しだが、「ヤフーニュース」に掲載されたものだから、お読みになった方もいらっしゃることだろう。お読みになっていない方のために、以下にこのニュース全文を引用する。

北朝鮮の金正恩党委員長は、中国の習近平国家主席に、新型コロナウイルスによる肺炎の感染拡大に対して、慰問の書簡を送った。時を同じくして北京に現れたのは、朝鮮労働党国際部の金成男《キム・ソンナム》第一副部長だったが、この訪中について、ある「密約」の相談をしに行ったのではないかとの見方が示された。

デイリーＮＫの北朝鮮内部の高位情報筋は、書簡の核心的な内容は国家間の密貿易に関することだったとして、今月一五日頃に密貿易が始まるのではないかと述べた。

北朝鮮は先月二八日、新型コロナウイルスの国内での感染拡大を恐れ、中国との貿易を全面的に停止する措置を取った。また、外国人観光客の受け入れも先月二二日から中止している。

しかし、貿易の九割以上を中国に依存する北朝鮮は、このままだと国が持たない状況となりうる。そうでなくとも北朝鮮当局は、経済制裁の影響に乱れた治安を抑え込むため、一昨年の末から公開処刑を活発化させている。

もはや体制維持のために、手段を選ぶ余裕はないのだ。

「国家主導で運営される期間や工場、企業所の全般的な状況を見ると、持ちこたえられるのは、今後一五日程度しかないとの予想に基づくもの」（情報筋）

北朝鮮では昨年春から、最も優先して配給が受けられる対象だった保衛部（秘密警察）、保安部（警察）への配給が滞りがちになっていると伝えられているが、中朝貿易が完全にストップすれば、配給システムが完全に崩壊し、これら機関の幹部が反発、動揺し、体制を脅かしかねないとの判断があったようだ。

実際、当局は、状況がさらに悪化した場合、非常時に備えて備蓄している軍糧米を放出する計画を立てていると伝えられている。

金正恩氏の書簡の伝達で、北朝鮮の高官たちは、今月一五日ごろになれば、中朝貿易ストップによる生じた問題が多少解決するだろうとの期待が持っているとのことだ。また、金成男氏の訪中に先立ち、朝鮮労働党は中国共産党に支援金を送っているが、これは平壌駐在の中国大使館でドル建てで伝達されたという。これもまた、中国に対する密貿易の提案が通りやすくするためだと見る向きがあるという。

内閣の対外経済省の関係者は、中朝貿易の再開に向けて実務的な措置を行っていると伝えられている。また、密輸業者もこれに便乗して密輸が再開できるとの期待から、幹部に対するロビイングを行っているると、情報筋は伝えた。

情報筋は、書簡の内容について「(北)朝鮮の国内環境が劣悪で、ウイルスが拡散すれば対処が難しいとの説明とともに、先制して国境を閉鎖するしかなかったとの内容が書かれている」とし、「中国政府に対する一種の謝罪」だと説明した。

書簡との関係性は不明だが、人民武力省系の貿易会社が、韓国製のマスクを中国を通じて密輸入したと、平安北道《ピョンアンプクト》のデイリーＮＫ内部情報筋が伝えている。

（ヤフーニュース二〇二〇年二月七日付）

記事に出てくる「デイリーＮＫ」とは、二〇〇四年に創刊された「世界初の北朝鮮専門ニュースサイト」で、韓国の市民団体である北朝鮮民主化ネットワークが発行している。米中央情報局（ＣＩＡ）と深い関連がある全米民主主

義基金（NED）から多額な資金が提供されていると言われており、北朝鮮の内部消息筋へ通じる強力な独自取材網を持っている。二〇〇九年には電撃的に行なわれた北朝鮮ウォン貨幣改革（デノミネーション）を、世界でもっとも早く伝えてスクープしたこともある。そして、全文を紹介したこの記事を書いたのは、デイリーNKジャパン編集長の高英起氏だ。

この記事からすでに一五日は経っているが（本稿執筆は三月二日）、現時点では新型コロナウイルスに関する北朝鮮関連のニュースはまだ少ない。いまだに感染者すらいないことになっている。「もってあと一五日」とまで報じられた国内経済体制がその後どうなっているのか、密貿易は再開されているのか、そのあたりもわからない。

ただ、誰がどう考えても明らかなことが二つある。一つは先の記事にも書かれていた「貿易の九割以上を中国に依存する北朝鮮は、このままだと国が持たない状況となりうる」ということ。そしてもう一つはこれだ――「平安北道《ピョンアンプクト》の情報筋はRFA（弊社編集部注：米政府系の「ラジオ・フリー・アジア」）に対し、『もし中国の武漢のようにウイルスが（北）朝鮮に広がれば、防疫体制がしっかりしておらず、医薬品も不足しているわが国は、死の恐怖に包まれざるを得ない。感染した住民が集団で倒れでもしたら、金正恩体制そのものが大きく脅かされる』と語っている」。

これも、高英起氏の筆による記事「『国家存亡に関わる』金正恩、新型肺炎で『体制崩壊』の危機」の一節だ。この記事はデイリーＮＫジャパンからさらに転載されて、ニューズウィーク日本版にも掲載された（二〇二〇年二月四日）。

確かに北朝鮮にはまともな防疫体制などない。だからもしウイルスが広がれば、死者が五〇〇〇万人から一億人にも達したと言われている二〇世紀初頭のスペインかぜ大流行の時のような死屍累々の地獄が現出しかねない。そうなれば、金正恩独裁体制そのものが崩壊の危機に瀕するだろう。

元米外交官「北朝鮮はカタストロフィ（悲劇的結末）を迎える」

新型コロナウイルスが、北朝鮮の体制そのものを崩壊させかねないと指摘する声は、アメリカ内からも聞こえて来る。アメリカ在住のジャーナリストの高濱賛《たかはまたとう》氏だ。高濱氏は米カリフォルニア大学バークレー校を卒業した元読売新聞の記者で、ワシントン特派員や同社シンクタンク・調査研究本部主任研究員などを経たのち、カリフォルニア大学ジャーナリズム大学院客員教授などを務め、現在はパシフィック・リサーチ・インスティテュート所長としてアメリカや朝鮮半島情勢をウォッチしている。

その高濱氏が二〇二〇年二月一二日、ＪＢｐｒｅｓｓに「新型コロナウイルス、人民軍への感染で北朝鮮崩壊——死亡者五人をひた隠し、中国の支援も得られず」と題する記事を寄稿している。その記事の冒頭で、高濱氏はワシントンの元米外交官Ｗ氏の言葉を伝えている。その元米外交官氏が指摘したポイントをまとめると、以下のようになる。

①新型ウイルスは習近平政権を根底から揺るがしており、中国を頼りにして来た北朝鮮の金正恩王朝はいつ倒れるかわからなくなって来た。北が中国に助けを求めても、今の中国は自分のことで精いっぱいでそれどころではない。

②北朝鮮は例によって都合の悪いことは発表しないが、ウイルス被害もすでに広がっているはずである。他国でも防疫マスクや医薬品が足りない状況であり、北朝鮮の直面している深刻さは中国とでさえ比較にならない。今後のシナリオは想像すらできず、カタストロフィ（悲劇的結末）を迎えることになるかもしれない。

③特に朝鮮人民軍（一一〇万人）は、兵士が寝起きを共にするために濃厚接触が起こりやすく、軍隊が新型ウイルス感染集団になるのは時間の問題であろう。

そして、高濱氏が元米外交官氏の話を聞いているさなかに、ショッキングなニュースが飛び込んできた。デイリーＮＫによる「北朝鮮で新型ウイルス感染者五人が死亡した」との速報だ（二月七日）。記事によれば、中国と国境を接する北朝鮮・平安北道《ピョンアンプクト》の新義州《シニジュ》と義州《ウィジュ》で、五名が原因不明の高熱で死亡。北朝鮮当局は、新義州の公衆衛生当局に対し、迅速に遺体を処分し死を公衆に秘密にするよう命じたという。

新型コロナウイルスが疑われる死亡者情報を隠ぺいしようとする動きは、その後もデイリーNKによって報じられている。二月一九日には、「高熱の患者をそのまま火葬…『新型コロナか』北朝鮮で疑念広がる」というニュースが発信された。平壌市内で急性肺炎で高熱を出して死亡した四〇代男性の遺体が、家族の同意を得ないままに火葬されたというのだ。

さらに、二月二二日には、「北朝鮮で一二人立て続けに死亡…『新型コロナか』病院が疑惑の行動」。記事によれば、北朝鮮の東北部・咸鏡北道《ハムギョンプクト》の清津市で、肺炎とインフルエンザの症状を見せて治療を受けていた患者一二人がわずか二日の間に死亡。そして、病院の「疑惑の行動」とは、またしても火葬である。現地の消息筋によれば、「普通、わが国の病院が患者の遺体を火葬することはない。今回も患者の遺族は葬式を出すために遺体を返すよう求めたが、病院はインフルエンザウイルスの拡散を防ぐためとしてこれを拒否。病院施設全体の消毒を何度も繰り返した」というのだ。

「感染はない」はずなのに、幼保から大学まで日本より先に休校

先にも記したが、北朝鮮はいまだに新型コロナウイルスの感染者はいないと言い張っている。北朝鮮の国民は、自分の国の医療や防疫のお粗末な実態は身をもってわかっている。極貧の生活を強いられ、免疫力も当然極めて低い。それも自覚している。そういう環境下に置かれている国民の間に、もし「新型コロナウイルスが広がっている」などという話が広がれば、不安が爆発しかねない。文字通り命が脅かされるのだ。暴動だってあり得るだろう。

当局は、金正恩は、それを恐れているのだ。だから、新型コロナウイルスに関係する情報は徹底的に統制、隠ぺいする一方で、本当に感染者がいないので

あればやる必要のないことを実施しているようだ。

それは、全国の学校の休校だ。日本でも感染者が出ている北海道や千葉県市川市ではいち早く二月末頃から学校を休校にしたし、安倍首相も三月二日から春休みまで全国の小中高校を休校とするよう要請し、ほとんどの自治体がその要請を受け入れて休校とした。これは、日本国内ですでに感染者が出ていて、感染が広がりつつあるからこその措置である。

ところが、二月二二日付デイリーNKジャパンによれば、感染者はいないはずの北朝鮮が、全国の保育所、幼稚園、小学校、初・高級中学校（中・高等学校）、地方の大学を、二月二〇日から一ヵ月間休校とすると宣言したという。また、首都・平壌の大学は同様に休校する一方、当局は「自宅から通学している学生は自宅で休むように。地方から上京した学生は地元に帰らず、寄宿舎に留まるように」との指示を下したという。

消息筋によれば、こんな措置は、二〇〇三年のSARS（重症急性呼吸器症候群）や二〇一五年のMERS（中東呼吸器症候群）流行時にも、なかったとのこと。さらにデイリーＮＫジャパンは二月二九日、北朝鮮国営の朝鮮中央放送の報道を伝える形で「三月末まで冬休み延長」と伝えた。記事によれば「ウイルス拡散を防ぐために全国の幼稚園と学校の冬休みを延長」し、「このまま四月の始業まで冬休みが延長される可能性がある」とのこと。休校措置を延長したということは、事態が改善に向かっていないことの証左であろう。

元駐韓大使・武藤正敏氏も二月二八日付ダイヤモンド・オンラインで次のように述べている――「北朝鮮は国内に新型肺炎に感染した人はいないとしきりに否定しているが、すでに原因不明の高熱を出した人がいると伝えられ、その人を銃殺して直ちに火葬したとの噂が広がっている。また、新型肺炎対策の一環で中朝国境を閉鎖した影響で、北朝鮮の食糧・物資不足が加速している。北朝鮮は金正恩政権の存続を確保することで手いっぱい」。情報が秘せられているからはっきりとはわからないが、やはり今北朝鮮が置かれている状況は、ただならぬものがあるようだ。

米中は五〇万人の北朝鮮難民に備えている

本章ではここまで、新型コロナウイルスが北朝鮮の体制そのものを崩壊させる可能性があることについて述べて来たが、読者の中には「それでいいじゃないか」と思っている方も少なくないかもしれない。「言論の自由などまったくない金王朝の独裁政権。たらふく食って太ってるのは金正恩ばかりで、国民は極貧。横田めぐみさん他、多くの日本の少女や若者を拉致して返さない犯罪国家。新型肺炎で苦しんでいる最中にもミサイルを飛ばすことは怠らない軍事主義国家」——これが多くの日本人の偽らざる思いだろう。私も同感である。

しかし、コトはそう単純ではないのだ。最悪の独裁国家体制でも、今のところ国家の体は成している。それが崩壊した時、どれほどの混乱が生起するかは、それこそ想像できない。当然、わが国にもその影響はおよぶだろう。

いくつもの問題（しかも大問題）が考えられるが、本稿ではとりあえず難民について考えてみようと思う。

米外交問題評議会（ＣＦＲ）が発行する国際政治経済ジャーナル「フォーリン・アフェアーズ（Foreign Affairs)」は、その日本語版サイト二〇一八年三月号に「北朝鮮崩壊後の危機に備えよ――飢饉と難民流出を回避するには」と題する論文を掲載した。

北朝鮮の体制崩壊は、北朝鮮民衆が二五年にわたって耐えて来た慢性的な食糧不足を一気に悪化させ、感染病や公衆衛生上の問題をさらに深刻にするはずだ。これによって、大規模な北朝鮮難民が発生する可能性がある。この論文では、とりわけ「難民が中国に押し寄せる危険性」について論じ、それを回避するには米韓は北朝鮮に食糧を供給し、北朝鮮民衆が中国との国境地帯に向かうのではなく、国内に留まるように仕向ける必要があると説いた。

そして、具体的対策にも言及している。食糧や医療物資を迅速に届け、感染症による犠牲を引きおこす汚染水対策をとり、治安を安定させ、人道支援団体の安全を確保し、食糧・医療物資を人々に届けるには、北朝鮮内に一一万五〇

○○人から四○万人の部隊を展開させる必要がある。問題は、そのためには三八度線以北での米・韓国軍の活動が必要になるが、それを中国が受け入れるかどうかだ。フォーリン・アフェアーズ論文では、ここまで具体的に考察し、対応策を考えている。

実際、すでに中国は中朝国境沿いに難民キャンプの設営に動いている。これは二○一七年一二月一四日付ニューズウィーク日本版や同年一二月二四日付日本経済新聞電子版などが報じている。ニューズウィーク日本版の記事によれば、難民キャンプは中国北東部の吉林省白山市にある北朝鮮国境の町、長白朝鮮族自治県の三つの村と省内の二つの都市に建設計画がある。さらにニューヨーク・タイムズから引用する形で、吉林省の二つの都市、図們《ともん》と琿春《こんしゅん》にも難民キャンプが建設される予定で、この二つの都市は国境の川・図們江《ともんこう》（豆満江《とうもんこう》）を挟んで北朝鮮に面し、脱北者の収容所があると伝えている。

一方、日経の記事によれば、習指導部は吉林省だけでなく遼寧省の地方政府にも有事の際に難民キャンプを設営できる体制を整えるよう指示したとのこと。

北朝鮮側から難民が流入しやすい地域を中心に複数の施設を設ける計画で、合計収容人数は最大で五〇万人を想定しているという。「五〇万人」である。読者は驚いたかもしれないが、それくらいの難民が予想され、すでに中国はそれへの対応策に動いているのだ。

日経の記事で興味深いのは、当時国務長官だったティラーソン氏が、「仮に米軍が北緯三八度線を越えて北朝鮮に侵攻した場合でも、条件が整い次第撤退することを『中国に確約した』とも説明した」と報じている点だ。これは先のフォーリン・アフェアーズ論文で懸念されていた点に関し、すでに米中が一定の事前調整に入っていることを意味する。米中という世界の覇権を争う二大大国は、さすがに国際情勢の様々なリスクをきちんと認識し、動いているのだ。

ひるがえって、わが日本はどうか？　北朝鮮の現体制が崩壊した時のリスクなど、ほとんど誰も考えていないのではなかろうか。

日本に二七万人の北朝鮮難民が押し寄せる!?

わが国にも、北朝鮮からの難民リスクは当然ある。二〇一七年七月二〇日付「ニュースポストセブン」(小学館のニュースサイト)は、東京新聞論説兼編集委員の半田滋氏による「朝鮮半島有事で押し寄せる難民二七万人がもたらす影響」という記事を掲載している。この二七万人とは、日本一国に押し寄せるとされる難民の数である。二七万人——本当にそんな人数の難民が押し寄せることを考えたら、絶句するしかない。出入国在留管理庁が二〇一九年一〇月二五日に発表した同年六月末現在の在留外国人数(速報値)が二八二万九四一六人。その一〇分の一くらいの人数が難民となって一挙にやって来るのだ。

半田氏の記事によれば、この数字の根拠は、北朝鮮が核開発のために核拡散防止条約(NPT)からの脱退を表明した一九九三年に、防衛庁(現防衛省)で密かに行なわれたシミュレーションだという。これを読んだ私の第一の感想は「そんなに前のものなのか!?」だ。米中は、今動いている北朝鮮の現実＝有事を想定して、それへの対応を考えて動いている。日本政府は、防衛省は、外務省は、そういう事態を今、想定しているのだろうか？　そういう事態への対処法を検討しているのだろうか？

さらに問題なのは、半田氏の記事によれば、武装難民が紛れ込む可能性があるということだ。当然、その可能性はあるだろう。そしてさらに問題なのは、このような緊急事態には「困った時の自衛隊」で、当然自衛隊が使われることになるであろうが、自衛隊による難民対処には根本的な問題がある。それは、「法的根拠がない」ということだ。

自衛隊というのは、世界の他の国の軍隊と違って、法律でこれはやることができると決められていることしかできない（他の国の軍隊は、化学兵器や生物兵器の使用など国際法違反行為はやってはいけないというルールを守れば、指示された目的達成のために現場で一番良い方法を判断して行動してよいことになっている）。だから、もし自衛隊が対処する場合には、不測の事態には対応できず立ち往生してしまうか、違法覚悟でことに当たらなければならない。およそ法治国家の体を成していない、お粗末な法体系である。

もし、本当に朝鮮人民軍くずれの武装難民が大挙して日本海側の離島に上陸したような場合、日本政府にできることは、ただ〝オタオタする〟ことだけではなかろうか。

感染拡大させないために、ロシアが行なったシベリア送り

緊急事態における法的整備のお粗末さは、武漢市から政府の手配で帰国した邦人のうち二人が、一時ウイルス検査を拒否したことでもあらわになった。安倍首相は「人権の問題もあり、踏み込めない」と述べ、加藤厚労相は「これ以上、私どもの法的な権限がない」と語ったというが、封じ込めに成果を上げている国は、あえていえばこういう緊急事態においては人権無視を断行する。人権を無視することで国民を守るのだ。

たとえば、現在感染者が二人というロシアは、武漢や周辺都市に取り残されたロシア人を、二月四日深夜から五日にかけて第一便八〇人、第二便六四人、軍用機で国内に移送した。移送に使われた軍用機にはトイレがなく、搭乗の二時間前から何も飲まないように言い渡されたという。そして、移送された先は気温マイナス三〇度のシベリアだ。シベリア送りで完全に隔離したのだ。

ロシア在住のジャーナリスト・徳山あすか氏は二月一三日付ＪＢ ｐｒｅｓｓでこう述べている。「こうしたロシア人の脱出劇を見ていると、日本では早々に全日空のチャーターで帰ったうえに、検査を拒否したり、隔離の条件に文句をつける人までいたと聞いて、驚きを隠せない。さらにはクレーム対応のせいで自殺者まで出ているというのだから、衝撃である」。日本という国家は、緊急事態でもわがままな人権が大手を振ってまかり通る、甘々国家なのである。

二月二八日、感染が広がっている北海道の鈴木直道知事は、「緊急事態」を宣言した。だが、緊急事態を宣言してもできることは道民に今週末の外出を控えることを「呼びかける」ことだけだ。安倍晋三首相も全国の小中高校の臨時休校を「要請」するだけだ。緊急事態に対処するのにトップができることが「呼びかけ」や「要請」だけというのは、あり得ない話ではなかろうか。

日本が、ロシアや中国のような強権的専制国家になることは御免こうむりたい。しかし、緊急事態が発生した時には時には私権を制限したり、時には非情と思われる措置を断行しなければならない時もあるだろう。そういう風にきちんと法的に定めておいてもらいたい。そうでなければ、緊急事態が発生した時に、対応できずに後手後手に回ったり、逆に超法規的措置を取らざるを得ない（＝法治国家ではない）ことになってしまうのだから。

ルーマニア型崩壊か、第二次朝鮮戦争か

本章を執筆している二月末から三月初頭にかけて、北朝鮮の新型コロナウイルスに関するニュースが、相次いで飛び込んで来た。まずは、「七〇〇〇人隔離」というニュースだ。共同通信などマスコミが一斉に伝えた。

北朝鮮が七千人隔離か　新型コロナ対策で「医学的監視」

【北京共同】北朝鮮が新型コロナウイルス対策として、中国と国境を接する北西部・平安北道など三道で計約七千人を「医学的監視対象者」として、隔離などの措置を取っていることが一日、分かった。国営メディアが伝えた。他の六道や平壌を含めると対象者数はさらに膨らむとみられる。

北朝鮮当局はこれまで国内で感染者は発生していないとしているが、懐疑的な見方が多い。地方では十分な検査態勢もないとみられており、実態は不明だ。

北朝鮮は先月から海外との往来を完全遮断。金正恩朝鮮労働党委員長は二月末に開かれたとみられる党政治局拡大会議で「超特級の防疫措置」を講じるよう指示した。（共同通信二〇二〇年三月一日付）

次は、「新型コロナ『平壌など二三人死亡』…金正恩に極秘集計の衝撃情報」というニュースだ。高英起氏の筆によるもので、ヤフーニュースにも掲載された。記事によれば、政府の中央非常防疫指揮部が集計した結果、一月から二月二五日までに、高熱、咳、呼吸困難の症状を示し、死亡した人が全国的に二三人にのぼるとのこと。

そして、もう一つ。二月二八日付ＪＢ ｐｒｅｓｓに掲載された「新型肺炎で北朝鮮崩壊、三つのシナリオ　ルーマニア型の崩壊か、最悪は第二次朝鮮戦争へ」。筆者は元陸将の福山隆氏だ。

福山氏の朝鮮の現状のとらえ方は、極めて真っ当なものだ。

①新型肺炎拡大で中国から北朝鮮向けの物流が途絶し、「命綱」が絶たれた。

②北朝鮮国内で新型肺炎の感染が拡大すれば、食糧不足で一層免疫力が低下した国民は甚大な犠牲を強いられる恐れがある。

③飢餓の深刻化と新型肺炎による甚大な犠牲は、金王朝の体制崩壊につながる可能性がある。

そして、福山氏が言う「ルーマニア型の崩壊」とは、かつて北朝鮮とそっくりな社会主義国・ルーマニアの独裁者であったチャウシェスクが、最後は人民怨嗟の的となって妻と共に公開処刑（銃殺刑）された。そういう形での金王朝の崩壊を意味する。

「第二次朝鮮戦争」の可能性に関しては、福山氏はこのように述べる。アメリカは、この体制崩壊のドサクサの機会に北朝鮮の核・ミサイルのリスクを完全に除去することを望み、そのために空爆や海兵隊を投入する可能性がある。もしそうなれば中国も黙ってはいない。米中が戦端を開く可能性がある、と。

いずれにしても、新型コロナウイルスという見えざる敵の侵攻を受け、そうでなくても経済的に厳しい状況に置かれていた北朝鮮は、今まさに体制崩壊の危機にまで追い込まれている。

本当に北朝鮮が崩壊して、難民が大量にわが国に押し寄せた場合、今、千人単位のウイルス検査ですらままならぬのに、万人単位で押し寄せて来る北朝鮮難民にどう対処するのか？　隔離するにしても一体どこに隔離するのか？　少し考えてみただけでも、政府がただ右往左往するばかりなのが目に見えるようである。

しかし、そういう事態が一年後、否一ヵ月後に生起しても、決しておかしくはないのである。

第八章

あと一押しで世界経済は崩壊する

――二京七〇〇〇兆円の脅威

私たちに迫る二京七〇〇〇兆円の脅威

世界経済の崩壊が、刻々と近付いている。新型コロナウイルスの感染拡大は世界経済を大混乱に陥れたが、この混乱自体が世界経済を崩壊に追い込む可能性はそれほど高くはない。他の感染症に比べ致死率が高くないこともあり、影響が長引く可能性があるが、それでもいずれは終息に向かうだろう。同じく致死率が低く、日本でも約二〇〇〇万人が感染した二〇〇九年の新型インフルエンザ・パンデミックも、一年程度でおおむね終息した。

今回の感染拡大により、多くの国で工場の操業停止や物流の停滞、人の移動の制限などが行なわれた。これは、経済活動に支障を来たした一方で、需要が先送りされたという側面もある。そのため、感染拡大が終息に向かえば、ストップしていた様々な経済活動が再開され、先送りされていた巨大な需要に応えるために経済が動き出す。それゆえ、終息後のV字回復を予測する専門家も多いし、その可能性は決して低くない。

では、その結果世界経済は長期にわたる安定した成長軌道に乗るのだろうか？　残念ながら、その可能性は低い。むしろ、世界経済は崩壊へと向かって行く可能性が高い。

感染拡大が終息したあと、何が世界経済を崩壊させるというのか？　それこそ、私たち人類が背負う莫大な借金だ。現在、世界的に過剰な債務が積み上がり、しかも膨張を続けている。政府、企業、金融機関、家計のすべてを含めたその額、なんと二京七〇〇〇兆円。想像を絶する金額だ。もちろん、これは人類史上最大最悪の借金である。

なぜ、私たちはこれほどまでに巨額の借金を背負う羽目になったのか？　その大きな原因こそ、あのリーマン・ショックである。「一〇〇年に一度の金融危機」と呼ばれ、世界恐慌の再来も必至という状況の中、各国は景気の底割れを防ぐため、なり振りかまわぬ対策を次々に繰り出した。世界各国が空前規模の金融緩和と財政出動を実施したのだ。

日本だけでなく、欧米諸国の金利も軒並み引き下げられ、日米欧各国の金利はあっと言う間にゼロ近辺にまで低下した。それに留まらず、アメリカをはじめいくつかの国は「量的緩和策」の実施へと踏み込んだ。国債や有価証券などを市場から買い取り、市場に大量の資金を供給したのだ。そのバラ撒きぶりは空前規模のスケールであった。

ＦＲＢ（米連邦準備制度理事会）は、「ＱＥ」と呼ばれる量的緩和を三回にわたり実施した。住宅ローン担保証券（ＭＢＳ）や米国債などを買い取ることで巨額の資金を市場に供給した。「ＱＥ１」で一兆七二五〇億ドル、「ＱＥ２」で六〇〇〇億ドル、そして「ＱＥ３」では買い入れ総額も期限も明示せず、ＭＢＳを毎月四〇〇億ドル、さらにその後、国債を毎月四五〇億ドル買い入れることを決め、合計で月八五〇億ドル規模の巨額の資金を市場に供給した。

量的緩和を実施したのはＦＲＢだけではない。二〇〇九年以降、イングランド銀行、日銀、ＥＣＢ（欧州中央銀行）などが量的緩和を導入した。量的緩和により国債や証券を買い取った結果、各国中央銀行の資産はどんどん膨れ上がり、その分、巨額のマネーが市場へと放出された。大規模な資金供給が実体経済を力強く押し上げることが期待されたが、市場に吐き出されたマネーはむしろ株式市場や不動産市場へと向かい、資産バブルを膨張させて行った。

ニューヨークダウは、金融危機による暴落で二〇〇九年三月に七〇〇〇ドルを割り込んだが、その後は順調に上昇して行き、二〇二〇年一月には二万九〇〇〇ドル台を付けた。日経平均株価は二〇〇八年一〇月に七〇〇〇円を割り込んだが、二〇一二年秋以降、アベノミクスを追い風に急ピッチで上昇して行き、二〇一八年一月には二万四〇〇〇円台まで上昇した。ニューヨークダウは、約一〇年で四倍以上、日経平均も三倍以上に高騰したのである。

特に、米国株については好調な景気を背景に史上最高値を更新し続けており、バブルが懸念されていた。それは最近の株式市場の動きにも表れている。二〇一八年以降、ニューヨークダウはたびたび急落に見舞われている。今回の「コロナ・ショック」もその一つである。

金融緩和をはじめ、世界各国が行なった大規模な景気対策は、確かに景気の底割れを防ぎ世界恐慌を回避した。しかし、副作用として資産バブルが膨張し、その崩壊が金融危機となって再び世界経済を襲うリスクが高まっているのだ。

増殖する「ゾンビ企業」と「CLO」(ローン担保証券)

大規模な金融緩和は、いわゆる「ゾンビ企業」も増殖させた。収益力が低く財務内容が悪い企業は、いずれは事業の継続が難しくなる。しかし、未曾有の金融緩和により金利はゼロをめがけてどんどん低下して行った。ゾンビ企業でさえ低利での資金調達は十分可能で、債務を増やすことで資金繰りを行ない延命しているのだ。

二〇一九年八月一一日付の日本経済新聞によると、三年連続で借金の利払いが営業利益を上回る「ゾンビ企業」は一〇年で倍増し、二〇一八年度には世界で約五三〇〇社にのぼるという。世界の上場企業の有利子負債は一〇年で八割弱増加し、二〇一八年度には約二〇兆ドルにのぼる。有利子負債額が急増したことで、現在の超低金利にも関わらず支払利息は約八〇〇〇億ドルと一〇年で四割も増加した。このような状況で、ひとたび金融危機や金利の急騰などの市場の混乱が生じればどうなるか？　ゾンビ企業をはじめ、過大な債務を抱える多くの企業が資金繰りに行き詰まることは間違いない。

そして、これらゾンビ企業への融資に深く関わる新たな金融商品が、金融市場に大打撃を与える時限爆弾になりつつある。その金融商品こそ「ＣＬＯ」（ローン担保証券）である。ＣＬＯ（ローン担保証券）とは「レバレッジド・ローン」と呼ばれるローンの債権を証券化したものだ。そして、レバレッジド・ローンは、信用力の低い非投資適格企業へのローンなのだ。平たく言えば、欧米のゾンビ企業向けのローンということだ。

仕組みがよく似ているものに「ＣＤＯ」（債務担保証券）がある。ＣＤＯは、サブプライムローン（アメリカの低所得者向け住宅ローン）を、信用力が高い公社債などとひとまとめにパッケージして小口化した金融商品だ。不動産価格が上昇している間は問題ないが、不動産価格が下落に転じるとＣＤＯの焦げ付きが急増し、ＣＤＯを大量に購入していた多くの金融機関が大損害を被り、あのリーマン・ショックを引き起こした。

ＣＤＯもＣＬＯも債権を証券化した商品だ。その債権が「低所得者向けの住宅ローン」なのか、「ゾンビ企業向けのローン」なのかという違いだけで、両者の仕組みはよく似ている。そして今、ＣＤＯがリーマン・ショックを引き起こしたように、今度はＣＬＯがリーマン・ショックと同等、あるいはそれをも上回る極めて深刻な金融危機を引き起こすリスクが高まっているのだ。

ＣＬＯの裏付け資産のほとんどはレバレッジド・ローンだ。レバレッジド・ローンは信用力の低い企業へのローンであり、対象企業の大部分の格付けはダブルＢ以下で占められている。一般に格付けはＢＢＢ（トリプルＢ）以上が投資適格とされ、ＢＢ（ダブルＢ）以下は投資不適格と言われる。リスクが高い分、当然、金利は高くなる。

これと似ているものに、格付けダブルＢ以下の企業が起債するハイイールド債（ジャンク債）がある。しかし、両者には大きな違いがある。ハイイールド債は証券取引委員会（ＳＥＣ）の監督の下で取引される証券だ。一方、レバレッジド・ローンはＳＥＣによる規制を受けない。そのため、ハイイールド債を起債できない低格付けの企業でも、レバレッジド・ローンなら借り入れができる。格付けが低く、すでに多額の債務を抱えるゾンビ企業でも資金調達ができるため、近年、レバレッジド・ローン市場は急拡大している。

レバレッジド・ローンの残高は、二〇〇八年の六〇〇〇億ドルから二〇一八年末には一兆二〇〇〇億ドルへと二倍に膨れ上がっている。また、二〇〇八年には、新規のレバレッジド・ローンの六〇％超がＣＬＯに組み込まれた。

しかも、このレバレッジド・ローンのリスクはここに来てさらに高まっている。前述のように、レバレッジド・ローンの融資先は信用力の低い企業であるが、近年ではＢＢ格よりもさらに低い格付けの企業への融資が増えているのだ。これについて、ウォールストリート・ジャーナルは次のように報じている。

「バークレイズによると、米国では「Ｂ」ないし「Ｂマイナス」の融資の割合が二〇一一年の二〇％未満から四〇％近くまで拡大している。フィッチ・レーティングスによれば、CLOの保有資産は「B」近辺に集中しており、「CCC」の融資も以前より増えている」（ウォールストリート・ジャーナル二〇一九年二月二七日付）。

確かに、フィッチ・レーティングスのデータによると、CLOに組み込まれている融資先の格付けはB（シングルB）格に集中している。もっとも割合が多いのがB、次に多いのがBマイナス、その次に多いのがBプラスとなっている。投資適格とされるBBB（トリプルB）以上の格付けの企業がほとんどなく、大部分をハイリスクな企業への融資が占める。いずれ景気後退局面に入った時、債務を返済し続けられるとは到底思えない。

CLOを爆買いする邦銀

このようなハイリスクな金融商品、CLOを農林中金、三菱UFJ銀行、ゆうちょ銀行などの日本の金融機関が大量に購入している。二〇一九年九月末時点のＣＬＯ保有残高は、農林中金が七兆九〇〇〇億円と突出している。他にも、三菱ＵＦＪフィナンシャル・グループが二兆四七三三億円、ゆうちょ銀行も一兆五二四一億円にのぼる。ここ数年、国内金融機関のＣＬＯ保有額はこの三社を中心に増加している。

日銀の「金融システムリポート」によると、二〇一八年度のＣＬＯ保有額は三年前に比べ二・五倍以上増え、約一二兆七〇〇〇億円にのぼる。これは世界全体のＣＬＯ残高の一五％に相当するという。特に農林中金については、二〇一八年三月末時点の保有残高が三兆八一三四億円だったので、一年半で二倍を超える「爆買い」ぶりだ。農林中金、三菱ＵＦＪ銀行、ゆうちょ銀行の三社で国内のＣＬＯ残高の大半を占めるが、他にも三井住友銀行、三井住友信託銀行、みずほ銀行、新生銀行、常陽銀行など多くの金融機関がＣＬＯを保有している。

近年、国内金融機関の経営環境は年々、厳しさを増している。日銀の大規模な金融緩和により金利低下に拍車がかかり、利ザヤが縮小し、本業では思うように収益を上げられなくなっているのだ。そこで、なんとか別の収益源を確保しようと、多くの金融機関がリスクはあるもののそれなりのリターンが見込めるＣＬＯへの投資に走ったというわけだ。

実は、日本の金融機関が保有するＣＬＯは表面上、非常に安全性が高いことになっている。一般にＣＬＯは三段階のトランシェ（安全度）に分けられる。もっともリスクが低い層を「シニア」、次が「メザニン」、そしてもっともリスクが高い層が「エクイティ」と呼ばれる。当然、利回りはトランシェに応じて変わる。リスクの高いエクイティの利回りは高く、リスクの低いシニアの利回りは低くなる。そして、日本の金融機関が保有しているのは、すべてシニアのＣＬＯだ。格付けはほぼすべてがＡＡＡ（トリプルＡ）格である。つまり、最上級の格付けで、もっとも安全な金融商品というわけだ。しかも、同じくＡＡＡ格の一〇年物米国債と比べ、一・五％ほど高い利回りが得られるのだ。

一見すると、何の問題もないように思われるかもしれない。しかし、あのリーマン・ショックの際には、エクイティやメザニンだけでなく、格付けＡＡやＡＡＡのシニアにも毀損が生じた。格付けも一つの参考指標に過ぎず、「ＡＡ

Ａだから、絶対に毀損しない」ということはあり得ないということだ。毀損に至らないまでもＣＬＯも金融商品である以上、金融市場が動揺すれば、価格が大きく下落するリスクはある。

ブルームバーグの報道によると、日銀は「金融システムリポート」の中で、リーマン・ショック級の危機が発生した場合でも、邦銀が保有するＡＡＡ格のトランシェは「信用リスクの面での頑健性は相応に高い」との分析結果を示している。しかし、その一方で、「ＡＡＡ格でも一割程度の価格下落が発生する他、ＡＡ・Ａ格に格下げされた場合には、二割から三割の価格下落が発生する」と分析、「経済・市場急変時の格下げなどの動向次第では、市場価格下落などのリスクに留意が必要」と注意を喚起している。

実際、アメリカのローン取引の業界団体であるＬＳＴＡの資料によれば、二〇〇八年一月～二〇〇九年半ばにかけて、ＡＡＡ格のＣＬＯは二割ほど価格が下落したという。リーマン・ショックの時と同様、ＣＬＯが次なる危機の引き金となる可能性は決して低いとは言えない。

膨張する債券バブル

このようにリーマン・ショック後の空前規模の金融緩和は、株や不動産などの資産バブルの膨張、ゾンビ企業の延命を支えるCLOの増加など、多くの副作用をもたらした。これらの逆回転が大いに懸念されるわけだが、実はこれらの副作用をはるかに上回るとんでもないバブルが今なお膨張を続けている。

それこそ、「債券バブル」である。その異常さは株バブルや不動産バブルの比ではない。大規模な金融緩和を受け、リーマン・ショック以降、金利が軒並み低下して行き、いくつかの国の国債利回り（長期金利）はついにはゼロになった。つまり、金利が消滅したのだ。

このようなことは過去数百年の金融の歴史において初めてのことだ。長期金利の史上最低記録は長らくイタリアのジェノヴァが保持していた。一六一九年に記録した一・一二五％である。四〇〇年近く破られていなかったこの最低記録をバブル崩壊の後遺症に苦しむ日本が先んじて塗り替え、リーマン・ショックを経て多くの国々が続々と突破して行った。

一般に、金利と債券価格は逆に動く。たとえば、利率が二％の債券が一〇〇円で売られていたとする。その後、金利が一％に低下したとすると、二％の金利が付くこの債券の投資魅力は高まるから、債券価格が値上がりするというわけだ。

金利が歴史的に低いということは、それだけ債券価格が高いということになる。現在、日米欧をはじめ多くの国が異常な低金利状態に陥っている。金利と債券価格は逆に動くから、異常な低金利状態ということは、すなわち異常な債券高状態ということになる。つまり、世界は「債券バブル」としか言いようがない状態にあるのだ。

日米欧の国債利回りを見るだけで、世界の債券バブルがどれほどひどい状態にあるのかわかる。リーマン・ショックの前まで四～五％程度で推移していた米国債（一〇年物）の利回りは、リーマン・ショック以降下落基調をたどり、二〇二〇年三月にはついに一％を割り込んだ。その分、債券価格は大幅に上昇した。それでも、アメリカの金利は他の先進国に比べればまだ高く、債券バブルの程度はまだマシな方だ。金融危機以降、米国の景気は主要国の中では相対的に良好で、多くの国がなかなか利上げに踏み切れない中、ＦＲＢだけは数度にわたる利上げを実施できたのが大きい。

欧州の債券市場も債券バブルが鮮明だ。ドイツ国債（一〇年物）の利回りもリーマン・ショック前は四％前後あったが、その後はどんどん低下して行った。そして二〇一六年には、ついに利回りは〇％を割り込み、マイナス圏に突入した。その後、プラス圏に戻ったものの再びマイナス圏に沈み、本書を執筆している二〇二〇年三月時点でマイナス〇・六％台を付けている。

欧米諸国と異なり、金融危機以前から低金利が慢性化していた日本の国債利回りもマイナス圏に沈む。リーマン・ショック前の段階で、すでに一・三〜一・八％程度と歴史的な低水準にあった日本国債の利回りは、リーマン・ショック以降、さらに水準を切り下げて行った。二〇一六年には〇％を割り込み、同年七月には過去最低のマイナス〇・三％まで低下した。二〇二〇年三月時点でも、マイナス〇・一％台となっている。

このように、日米欧各国の一〇年債利回りは異常な低水準となっている。一％程度となんとかプラス利回りを維持している米国債についても、二％弱のインフレ率を考慮した実質利回りはマイナスだ。つまり、実質ベースでは日米欧とも「マイナス金利状態」になっているのだ。

ところで、読者の中にはマイナス金利というものに対する違和感を覚える方も少なくないだろう。それはもっともな話だ。金利というのはいわばお金のレンタル料であり、普通はお金を借りる方が利子を払い、お金を貸す方は利子をもらう。金利がマイナスになるということは、立場が逆転しお金を借りる方が利子をもらい、お金を貸す方が利子を払うという常識的にはあり得ない状態だ。

お金を借りる方はハッピーだ。払うべき利子が免除されるどころか、逆に利子をもらえるのだから。では、お金を貸す側はどうか？　お金を貸しても利子をもらえないだけでなく、逆に利子を払わなくてはいけない。どう考えても割に合わない。最悪である。

債券も基本的にお金の貸し借りだ。投資家（債券の買い手）はお金の貸し手であり、発行体（債券の売り手）はお金の借り手である。たとえば、国債を買うということは、その国にお金を貸すことに他ならない。マイナス利回りの債券を買えば、利子を払わなければならない。一〇〇％損するように思えるが、実は利益を生む可能性がある。

ポイントになるのは、債券価格の変動だ。確かに、マイナス利回りの債券を満期まで保有すれば損失が出る。しかし、満期前に売却すれば、利益が得られる可能性はある。購入時よりも債券の利回りが低下し、債券価格が上昇したタイミングで売却すればよいのだ。利回りがマイナス圏に沈んでもなお、金利の先安観（＝債券価格の先高観）が根強いため、マイナス利回りの債券でも盛んに取引されるのだ。「異常な高値で買った債券をさらなる高値で転売する」という、まさにバブルの状況にあるのが現在の国債市場だ。

二京七〇〇〇兆円の債務はいつ火を噴くか？

二〇二〇年三月、コロナ・ショックに株式市場が激しく動揺する中、ＦＲＢは緊急利下げに踏み切った。臨時のＦＯＭＣ（連邦公開市場委員会）を開き、政策金利を〇・五％引き下げたのだ。株式市場の暴落に歯止めをかけ、景気不安を抑えられるかどうか、世界は正念場を迎えつつある。今後の市場の動向によっては、各国の協調利下げや資金供給など、様々な政策が導入されるだろう。それにより、市場の混乱を鎮めることはできるかもしれない。

しかし、その先にはさらなる試練が待ち受ける。コロナ・ショックに伴う株の暴落に怯えたマネーは、米国債をはじめ「安全資産」である先進国の国債へと流れ込んでいる。米国債（一〇年物）の利回りが初めて一％を割り込んだのはすでに述べた通りだ。二〇一九年にはマイナス利回りの債券の残高は世界で約一七兆ドルに達したが、今回の市場の混乱により残高はさらに増加する可能性がある。債券バブルは今もなお、さらなる膨張を続けているのだ。

「いかなる高値で買おうが、さらなる高値で転売できる」という期待が、（長期金利がマイナス圏で推移するという）現在の異常な債券市場を支えている。ひとたび、その期待が剥げ落ちたらどうなるか？　投資家はわれ先にと債券を手放すだろう。なにしろマイナス利回りの債券は、満期まで持ち続ければ確実に損失になるのだから。長期金利は、あっと言う間にプラス圏へと上昇する。

しかし、それで債券市場が落ち着く可能性は低い。これまで積み上げられた巨額の債券買いポジションの壮大な逆回転が始まるからだ。いずれ、金利は多くの人々の予想をはるかに超える上昇を見せるだろう。

次の金融危機では、金利の大幅な上昇が世界を大混乱に陥れる可能性が高い。金利の上昇は、過剰債務を抱えた政府、企業、家計を窮地へと追い込む。政府、企業、家計を問わず、破綻やデフォルトが相次ぐ。

二京七〇〇〇兆円の債務が、いよいよ火を噴くということだ。

第九章　サバイバルの極意

——大恐慌をチャンスに変えるために

限られた時間で最大限の準備を！

米中貿易摩擦の進展、香港の民主化デモ、停滞する北朝鮮の核廃棄協議、迷走する韓国の政治・経済、ＥＵを揺さぶるブレグジット問題、緊迫化する中東情勢――先の金融危機から一〇年強が経ち、いよいよ次の金融危機が懸念される中、実に様々な国際的問題がその端緒になり得るとして注目されて来た。

しかし、その懸念をあざ笑うかのように、新型ウイルスという予想だにしなかった「伏兵」がいきなり登場し、世界経済に今まさに襲い掛かろうとしている。前章までで見て来た通り、日本での大流行によって日本経済が大打撃をこうむるのみならず、「世界の工場」そして「世界の労働力」を抱える中国でもヒト、モノが動けなくなり、カネの動きも滞る事態に陥りつつあるのだ。

このまま感染拡大を食い止められず、世界規模での流行に発展すれば、前述の通り「深刻な景気後退」が到来するだろう。冒頭にあげたような政治・外交的な様々な問題については、各国がその都度柔軟に対応し、また継続的に金融緩和を行なうことでなんとか食い止めてきた。しかし、ひとたび新種のウイルスが世界レベルで蔓延した場合、人間にはもう手の打ちようがない。

そして、恐怖から経済活動が停滞すれば、世界経済はいとも簡単に逆回転を始めるだろう。そうなったら、もうおしまいだ。単なる不況に留まらず、「新型コロナ恐慌」というべきすさまじい経済パニックが到来する。つまり、「新型ウイルスは健康のみならず資産にもダメージを与え得る」ということだ。

日本では現在、最大の関心事が「いかに新型ウイルスから身を守るか」と点に集中している。マスコミは連日感染拡大や政府の対応を報道し、バラエティ番組でも「手洗い」「うがい」など感染防御の対策を特集している。マスクや除菌アルコールなどが飛ぶように売れ、買い占めや売り惜しみ、果てはマスクの盗難騒ぎなどが話題となっている。

もちろん、まず自分の身を守るのが第一であることに異論はない。ただ、ウイルス対策にだけ拘泥する今の論調には、私は大きな危機感を覚えている。私たちは、新型コロナウイルスによって健康の次に大事な資産にも、往復ビンタよろしくダメージを受ける危険があることにもっと注意すべきだ。

もちろん、「健康こそが物事の起点」であるから、まずはウイルス対策をしっかり行なうのは当然である。ただ、のめり込み過ぎは禁物だ。現在のところ新型コロナウイルスについては感染力こそ高いが、致死率や重篤化する割合はSARSなどと比べてかなり低い。一説によれば、統計的な観点で言えば毎年流行するインフルエンザのそれとほとんど変わらないという。新型ウイルスの影響で例年に比べ感染対策の徹底が奏功しているためか、皮肉なことに今年のインフルエンザの流行はかなり低く抑えられているとも言われている。となれば、できる限りの対策を適切に取ったら、あとはあまり過度に心配するのではなく、なるべくいつも通りの生活を送った方がよいということだ。

であればなおさら、恐慌に対する資産防衛策にすぐにでも取り組んでいただくことを強く勧める。私は今まで多くの書籍で恐慌対策の基本から応用に至るまで、心得から技術的なことまで書いて来た。すでに何度もお読みになった読者の方も多いかもしれないが、本章では改めてその要点を見て行こう。

恐慌とは何なのか？

まず、世界的な大恐慌が到来するとどんなことが起きるのか、それによって私たちの生活や財産にどんな影響がもたらされるのかについて、今一度確認、整理しておく。

恐慌とは、順調であった景気が突然急激に後退する現象である。株価の暴落、失業者の激増、滞貨（商品が売れずに倉庫に積み上がること）の増大、企業の倒産、銀行の取り付けなどが起き、経済活動が著しく低下して社会に大混乱をもたらす。こうした現象は、往々にして好調な経済状態が長く続き一部で実体を伴わない経済活動が過熱（バブル経済）した反動として現れる。一九二九年の世界恐慌直前には、「狂騒の二〇年代」という景気過熱期がアメリカに訪れたし、一九九〇年のバブル崩壊でもそれに先立つ株価や地価の投機的高騰があった。

実は、私たちが置かれている現在の状況も、大まかに言えばこれに酷似したものである。したがって、実際に新型コロナウイルスが経済パニックの引き金を引けば、次にあげるような現象がまず間違いなく起きることになる。

現象① 物価の下落

恐慌といえば、まず「物価の下落」が顕著な現象だ。それも単なる下落ではなく、「急落」「暴落」という激しい下落となることが多い。さらにひどい場合には、「買い手がつかない」というモノすら出て来る。こうなると、売り手は恐怖感にかられ投げ売りし始め、さらにモノの価格が下落するという恐ろしい事態も起こり得る。

しかも難しいことに、こうした現象がすべてのモノに一律に起きるわけでなく、大多数のモノの値段が暴落する中で、ごく一部の資産価値の維持に役立つようなモノだけは逆に暴騰するという、極端な価格変動すら起きるのだ。「安いものはより安く、高いものはより高くなる」という現象は、平常時の経済では決して起こらない（経済は安いものを買って高く売るのが原則である）。しかし、恐慌下ではこうした「パニック」はよく見られる現象である。

参考までに、どの程度の物価変動が考え得るのかいくつかの例を見て行こう。私たち日本人にとって深刻な恐慌相場と言えば、一九九〇年のバブル崩壊時が挙げられるが、この時株価は四三％以上の下落（一九八九年末　三万八九一五・八七円〜一九九二年末　一万六九二四・九五円）を記録、地価は一九九一〜九三年で住宅地が一八％あまり、商業地は三二％あまりの下落を記録した。ただ、面白いことにこの時期の物価上昇率はマイナスになっておらず、株価と地価だけが際立って下落しているのだ。裏を返せば、株と不動産で資産のほとんどを持っていた人が、甚大な打撃を被ったということだ。

これと同様の現象が、「一〇〇年に一度」と言われた二〇〇九年のリーマン・ショックでも起きている。株価は五六％下落、また不動産も約五年半で三〇％程度下落したものの、実は物価はそれほどの影響を受けていないのだ。最盛期の二〇〇九年で見ても、インフレ率はマイナス〇・三二％（ＩＭＦ調べ）で、深刻なデフレにはなっていない。

一方で、実体経済に深刻な影響が出た例もある。一九三〇〜三一年の昭和恐慌では、実体経済が深刻な打撃を受けた。特に主力産業であった生糸とコメは暴落に見舞われ、一九二六年から比べるとコメは約半値、生糸を取るマユの価格はなんと三分の一近くになったという。東京の物価指数を見てみると、一九二九年を一〇〇とすると一九三〇年には七三、一九三一年には六六と三割以上も下落している。日本全体で見ても、一九三〇年、三一年の二年間は消費者物価が前年比一〇％以上の大幅な下落に見舞われた。すさまじい物価下落である。

また、昭和恐慌の直前に起きた一九二九年の世界恐慌では、アメリカも深刻な物価下落を経験している。一九二九〜三二年の三年で卸売物価は約三二％、消費者物価は約二〇％も下落した。

ただし、今回到来するであろう「新型コロナ恐慌」については、ここで解説したような通常の恐慌時とはまったく異なる動きを見せる可能性もある。具体的にいうと、深刻な不況にも関わらず物価が上昇（モノによっては急騰）するという危険だ。いわゆる「スタグフレーション」（不況下のインフレ）という現象だが、こんな不可思議なことが起きる理由は、「ウイルス封じ込め」のために行なわれる工場閉鎖やサプライチェーンの寸断にある。

たとえば、不況であっても生活必需品や食料品などには需要があるわけだが、現在各国ではウイルス感染を防ぐため工場閉鎖や休業などを余儀なくされている。そうなれば、品薄な品目の供給が滞ることで結果的に物価が上昇してしまうわけだ。経験された方も多いかもしれないが、一九七〇年代のオイルショックがまさに「スタグフレーション」の典型で、モノの買い占めなども横行し日常生活が大きく混乱する可能性がある。必要な物資は多少の備蓄をストックするなど、あらかじめ対策が必要となるかもしれない点には要注意だ。

現象②　失業・倒産

次に挙げるのは、企業の業績の急激な悪化による失業や倒産だ。昭和恐慌の最悪期であった一九三一年、当時まだまれであった大学卒業者の就職率がなんと三六％しかなかったという。バブル崩壊後の一九九一年ですら、大卒就職率は八一・三％、また近年で最悪の年だった二〇〇三年でも五五・一％であり、いかに深刻だったかが伺える。

失業率の推移を見ると、実は日本ではバブル崩壊後の失業率への影響は限定的である。一九九一年の二・〇九％が最低で、九〇年代終わりまで一貫して上昇は続けたものの、二〇〇二年の五・三六％までしか上昇していないのだ。

しかしこれには雇用形態の変化（派遣労働への切り替えや能力給による給与削減など）といった問題が潜んでおり、一概に失業率が安定していたとは言い切れない。また、今回のウイルス蔓延を機に、こうした失業率動向に大きな変化が起きてもおかしくはない。近年では「働き方改革」の旗印の下、雇用形態を大きく変更する企業も出始めた。たとえば社員を雇用するという形態ではなく、個人を事業主として業務委託契約によって仕事を「外注」するかのようなやり方も少しずつ浸透し始めている。

今回のウイルス拡大を機に、在宅勤務などとセットで雇用形態のトレンドが加速して行けば、企業の側としては不要な人員を抱えなくてもよくなるが、一方で「隠れ失業者」が爆発的に増える可能性も考えられるのだ。

こうした観点とは別に、「新型コロナ恐慌」でより打撃が大きい業種というものも出て来るだろう。具体的にまず挙げられるのは「旅行業」だが、これに付随する宿泊施設、交通網、飲食店、観光地は甚大な損害をこうむる危険が高い。レジャー、レクリエーション関連も一度に大人数が集まるものは爆発的感染の危険から中止や延期、閉鎖を余儀なくされるだろう。

一方で医療関係、特に医療器材や医薬品の製造販売は需要が増加し活況となる可能性がある。巣ごもり消費の需要に合致するものなども人気を博する可能性が高い。このように見て行くと、失業・倒産も物価と同様に必ずしも一律ではなく、需給格差によって業種ごとに大きく変化することが見込まれるだろう。

現象③　治安の悪化、暴動、デモなど

恐慌によって経済活動が著しく停滞すれば、貧困に苦しむ人が大量に発生す

る。こうした人々は、当然社会への不満を溜め込み、やがてそれが爆発する。万引きや詐欺などに留まらず、暴行や殺人などの重犯罪にも発展しかねない他、不満を持つ人々が組織化・集団化すればデモ行動、また時にそれが暴徒化して手が付けられない事態にまで発展しかねない。

最近では、ベネズエラが国家破産によって深刻な治安悪化にさいなまれている。ただ、おそらく多くの日本人は日本ではそこまでひどい状況にはならないと考えているのではないだろうか。しかし、日本がそうした事態に陥らないという保証はどこにもない。

今のところ、日本人は気質的に比較的穏健だ。東日本大震災などでも冷静に秩序立って行動し、多少のことでは暴徒化しないだろうとは想像できる。しかし、恐慌や国家破産といった経済的苦境は、人間を悪い意味で大きく変える力を持つ。日々、食うや食わずの極限状況で周りの人間もルールを守らなくなり、目先の利得のために小さな罪を犯すのを目の当たりにすれば、正しく生きる自分がバカを見ている気分になって来る。やがて、ちょっとぐらいはと

大恐慌時に起きる現象

①**著しい物価の下落**
（ごく一部のモノは逆に上昇）

②**失業・倒産**

③**治安の悪化、暴動、デモなど**

自分もルールを冒し、それが当たり前になって行くのだ。

こうして国民全体のモラルが低下して行くと、やがてそれが大事件への空気を醸成するのである。「貧すれば鈍す」という言葉があるが、貧しくなれば心が荒みそれがやがて社会の荒廃を招くのだ。

こうした「心の荒廃」に陥って自らが犯罪や暴動に関わらないためにも、資産防衛は必ず行ないたい。また、そうした治安悪化の巻き添えを食らわないためにも、危機意識は常に高く持っていなければならない。

恐慌に向けた具体的な資産防衛策

こうした恐慌の基本的性質を踏まえて、資産防衛をいかに図るか、具体的に見て行こう。恐慌時のみならず、平時に資産を守り、殖やすために行なっておくべきことも含まれているが、もしまだあなたがこれらの取り組みを行なっていないならば、早急に対策に取り掛かることを強く勧める。

その①　資産の棚卸し

まず、自分が何をどれだけ持っているのかを知らなければ話は始まらない。「持ってる株は売った方がよいのか？」「自宅のローンがあるがどうしたらよいか？」「何か特殊な投資を始めればよいか？」とすぐに行動したがる向きもあるが、焦ってはいけない。資産防衛策に「これさえやっておけばバッチリ」という万能薬はない。恐慌時には人々がパニックに陥り、ある資産を投げ売りしたり、一方で「なぜ？」と思うような資産に需要が集中して高値を付けたりということが起きやすい。何が起きるか予想不能であるため、何か一つやっておけばよいというわけに行かないのだ。

そこで必要なことが、「恐慌時に有効と思われる資産を複数保有すること」である。「一つのカゴにすべての卵を盛るな」という投資格言があるが、恐慌対策こそまさにこの格言が当てはまる。恐慌対策にはこれから紹介する通り様々なカゴがあるが、自分が卵を何個持っているかによっては選ぶべきカゴを変えるべきである。つまり、最初に卵の数や大きさ、形をきちんと把握する必要があるということだ。

では、具体的にどのように棚卸しするかだが、総資産が一〇〇〇万円未満なら一万円単位で、一〇〇〇万円を超える場合は一〇万円単位で資産の棚卸しを行ない、どこにどのような資産がどれだけあるかを正確に把握することだ。ノートやメモ帳に書き出して行っても良いし、できる人であればパソコンやスマートフォンに入力・集計すると計算も修正もやりやすくてなお良いだろう。

基本的なことだが、借金もマイナスながら資産であるため、合わせて書き出しておく。全体を把握できるよう一枚のリストにまとめ、それをしっかりと頭に叩き込んで、それから具体的対策を検討することだ。「全体を俯瞰する」ことが何より重要だ。全体を俯瞰して注意すべき点は、何か特定の資産に偏った資産構成にしないことだ。恐慌時には、想定外の事態がよく起きる。そうした事態によって、保有資産が立ち直れないほどの損失を受けるのを防ぐためだ。

その② 株はすべて売却

これも極めて基本的なことだが、恐慌時にはまず例外なく株価が大暴落する。さすがに上場株式がすべて紙キレになるなどということはないが、平均で四割程度、ひどいものになれば九割以上も下落する銘柄が出て来ることもある。一度下がった株価が戻らず、底這い状態になるものも出て来るだろう。

特に、現在の株価はアベノミクス以降の長期上昇相場によっておおむね高値圏にある。つまり、「新型コロナ恐慌」が来れば大きく下落する余地がふんだんにあるということで、損失が膨らみやすい状況ということだ。仮に保有する株に含み益があるのなら、値崩れする前に売り切ってしまった方がよい。また、含み損であったにしても直近の最良価格を見出して手じまいすべきである。

もし、今何も保有していないのであれば、今は株に決して手出しをしないことだ。「待つのも相場」という格言があるが、今こそまさに「待ちの時」であろう。

もし仮に今損切りして手じまいし、その後目先で相場が持ち直しても、「売らなければ良かった」と後悔することはない。早晩、大暴落相場はやって来るし、そしてそれが落ち着けば「歴史的買い場」が必ず到来する。そこに狙いを定めておくのだ。もし万が一、恐慌をきっかけとして日本国破産が到来したとしても、基本的に株価はその後長期上昇を続ける可能性が大いに期待できる。株式はその時に好きなだけやればよい。今はそのための原資を、株を売却して確保しておくのだ。これは日本株に限った話ではなく、米国株やその他外国株式いずれにも言える。

なお、後段では例外的に株式市場を使って大恐慌の激動時に「攻め」の資産運用をする方法について触れている。相場をよく研究し、ある特殊な方法を使って果敢にリスクを取ることで、恐慌を大チャンスに変えることも可能となって来る。ただ、基本的には「株は売り」と心得ておくのがよいだろう。

その③　自宅も含め不動産は売却

株と同様に、不動産価格も下落は避けられないだろう。もっと言えば、日本の状況は少子高齢化で住宅需要が先細りして行く。地震や天災が多く、また建物も欧米と異なり一〇〇年単位の耐久性が想定されていない。こうした状況から、資産としての不動産は将来性が薄いということが言える。外国人需要などが大きく期待できる物件以外は、基本的に手放す方向で考えるのがよい。良い値段がついているうちに、なるべく早く売ってしまうことを強くお勧めする。

「ローンが残っている自宅はどうしたらよいか」という相談をお受けすることがよくあるが、私の自宅に関する考え方は「原則として売り」だ。

車や衣服と同様に、消耗品としていずれ無価値になってもよい「道具」として考える方ならあえて売れとは言わない。ただし、不動産は税金がかかり、国家財政がひっ迫すると増税のリスクもあるため、非常に不利である（実際、ギリシャでは土地の面積に応じた高額の固定資産税がかけられ、富裕層が次々別荘を売りに出すも買い手がつかない事態が続いた）。「住み慣れた」ということだけにこだわり、あとになって二束三文で売りに出すのがよいか、値段がついているうちに売るのがよいかはよくよく考えた方がよい。

ローンが残っている場合はなおのこと、早く売った方がよい。恐慌経由で国家破産という事態になれば、今度は急激なインフレが襲いかかる。当然、住宅ローンの金利も急騰する危険がある。一九九八年、アジア通貨危機に見舞われた韓国では、ローン金利が三〇%にも跳ね上がり、家を手放す人が続出した。

例外的に、外国人に人気のエリア、再開発で人気が集中し、需要が高まっている物件などは長期所有が有利と言える。ただ、こうした条件を備えている物件は非常に限られており、またすでにかなりの高額で取引されている。これから参入するにはかなりハードルが高く、積極運用を目指す人にとってもあまり好条件とは言えないだろう。

その④　資産の一部はキャッシュで保有

資産の一部を実際に「キャッシュ」にして、手元に置いておくことも重要な恐慌対策だ。昨今の「キャッシュレス決済」ブームから考えると逆行するような話だが、これにもきちんと意味がある。世界恐慌時のアメリカを例に出すまでもなく、大恐慌によるパニックで銀行が「取り付け騒ぎ」に対抗するため閉鎖する可能性は十分ある。もしこうなった場合、ATMからの引き出し制限や、銀行資産の一時停止によるキャッシュレス決済の一時的凍結という事態も考えられる。その時、手元の現金が非常に重宝するのだ。

具体的には、日本円を生活費の数ヵ月分程度持っておくとよいだろう。恐慌時の対策としては円貨のみでよいが、いずれ国家破産が起きることをも視野に入れるなら米ドルのキャッシュを小額紙幣（一ドル、五ドルなど）で持っておくことも有効だ。ただし、米ドル以外のキャッシュは保有しない方がよい。

また、現金の保管場所は最大の注意を払っていただきたい。治安悪化によって盗難に遭うリスクが格段に増すためだ。自宅内に金庫を設置するとしても、見つかりづらい場所に設置する、または一トンクラスの「防盗金庫」を導入するなどすべきである。銀行の貸金庫などは、封鎖や没収といったリスクも考えられるため、民間の貸倉庫のようなところにそっと保管するといった方法も検討したい。

その⑤　現物資産は現金化

恐慌時には株や不動産以外にも、美術品や骨董、高額の嗜好品など様々なモノの値段が下がる。単なる趣味のコレクションであれば別だが、資産として認識する現物はなるべく早く現金化することをお勧めする。株と同様、恐慌時には安値で投げ売りされるこうした品々も、いずれ経済が落ち着きを取り戻せば安値で取引が始められるようになる。興味があるなら、そのタイミングで買い戻すのが賢いやり方だ。

こうしたものに該当するのは、高級自動車、高級時計、ワイン・ウイスキー、ブランド品など嗜好性の高いものだ。思い当たる方は、こうしたものもこの際にしっかりと棚卸ししておくとよい。

その⑥　資産の預入先を分散

資産を預け入れる場合、意外と注意されていないのが「預入先を分散しているか」という点だ。昨今、日本の金融機関は長引くマイナス金利とフィンテックの台頭など経営環境が極めて悪化しており、弱小地銀などは破綻の危険性がささやかれるまでになっている。一部では海外債券などリスク性が高いものを買い付けてしのいでいる銀行もあり、ここでもし恐慌でマネーが逆回転を始めれば極めて危険な事態となる。最悪の場合、複数銀行の連鎖破綻というシナリオまで想定されるのだ。

日本の銀行には預金保護制度があるが、一行あたり一〇〇〇万円、円貨のみという条件がある。まず、この条件に合わせて複数の銀行に預入を分散させるといった対策は必須である。

また、預入先の分散としては証券口座も有用である。銀行と違い、証券会社は原則として保護の上限がない。また、いざとなれば株や外貨建て資産への転換もスムーズなため、様々な対策に応用しやすいという利点もある。

その⑦　海外口座への過度な依存は禁物

私は長年、国家破産対策や恐慌対策として海外口座の活用を推奨して来た。

日本に資産があることによる「資産差し押さえ」「資産課税」などのリスクへの対策のためだ。しかしながら、今回訪れる恐慌に関して言えばそのリスクを回避するメリット以上に、海外口座に大きなリスクが潜んでいる可能性にも注意が必要と見ている。前章で触れた通り、現在世界中にはすさまじい額の債務があらゆるところに侵出している。これが恐慌によって逆回転した時、激しいダメージを被る国も出て来る。万が一、その国が海外口座を持つ国だった場合、資産が大ダメージを受ける危険があるというわけだ。

二〇一三年に起きた「キプロス・ショック」では、ロシア人が保有する口座の多額の資金が差し押さえられ、政府に召し上げられた。こうした事態が、たとえばニュージーランドやシンガポール、香港で起きないという保証はどこにもないわけで、その点を考慮して特定の国や銀行に過度な預け入れを行なうことは慎むべきである。

ただ、全額を引き上げて来るかどうかはよくよく吟味をした方がよい。ペイオフ（預金保護）の有無や、行く行く日本の財政破綻時に活用することなどを考慮して、口座を維持できる最少額を置いておくなど、保有を継続する方向で検討するのがよいだろう。また、万が一の事態に備えて、速やかに資金移動が対応できるように日頃から準備しておくことも重要だ。

その⑧　金《きん》（ゴールド）は保有、ただし急落に注意

恐慌時にはモノの値段が下がると言ったが、その中にあって金《きん》は例外的に資産価値を維持する可能性が高い資産である。「有事の金《きん》」という格言があるが、恐慌時にはリスク回避の買いが集まりやすい。同じ貴金属類でも、銀やプラチナは実需で価格変動する傾向が強く、恐慌時には価格が下落しやすいが、金《きん》は貴金属類の中でも際立って異なる性質を持っているのだ。

ただし、その金《きん》も恐慌にいきなり価格が上がるわけではなく、一時的には急落する局面もあり得る点に注意だ。なぜそのような現象が起きるのかと言うと、パニック相場によって急激な現金需要が起きると、現金化しやすい金《きん》が大量に売りに出されて価格が下落するという現象がまれに起きるのだ。

このような下落局面は、逆に言えば絶好の買い場とも言える。実は金《きん》の需要はこの一〇年ほどの間にも着実に増えつつあるのだ。中国やインド、ロシアといった新興諸国の買い付けに加え、金《きん》ETF（上場投資信託）の登場によって投資信託が担保資産として金《きん》を保有するという需要も出ているのだ。こうした底堅さが背景にあるため、恐慌時にもし価格を大きく下げれば、そこから反騰し大きく価格を伸ばす可能性すらあるということだ。

したがって、平時から少しずつ金《きん》を買い増ししつつ、もし恐慌相場が到来して金《きん》が急落しても、逆に「絶好の買い場」と捉えて金《きん》に取り組むのも一手である。金《きん》の保有目安としては、総資産の五―一〇％程度が適正量だ。いかに金《きん》が恐慌に強いと言っても、金《きん》にも固有のリスクは存在する（有事の没収リスク、可搬性の悪さ、保管場所の問題、偽物の横行など）。やはり資産防衛は分散が基本と心得て、金《きん》での保有も一定割合に留めておくのが上策である。

その⑨　治安対策の強化

恐慌の基礎知識で触れた通り、治安対策も資産防衛の一つとして心得ておきたい。対策を大まかに言えば「自己防衛」と「自宅の防衛」に大別される。自分の身の安全を確保しつつ、現金や現物資産を自宅保管する場合には、自宅のセキュリティもしっかり対策しておきたい。

「自己防衛」に関しては、強盗、スリ、ひったくり対策を怠りなく行なうことだ。離れるとアラームが鳴る警報器、催涙スプレー、スタンガン、防犯ボールなど、防犯グッズをうまく活用することだ。ただし、防犯グッズがあったとしても過信をしてはいけない。ターゲットになることがないよう、地味で質素な身なりや素行を心掛け、危険と思われる場所に近づかないことだ。

それでも万が一強盗に遭ってしまったら、とりあえず抵抗せずに金目のものを渡す他ない。治安の悪い国では、防犯グッズを持つより「少額を渡してしまう」方が常識的な対策とも言われる。

「自宅の防衛」については、少々大掛かりだがある程度資産を持っている人はぜひとも取り組みたい。防犯カメラ、警報器を設置し、防犯ガラスへの入れ替えの他、現金や金現物などは厳重な金庫を導入してそこにしまうことだ。その際、決して中途半端な金庫を使ってはいけない。逆に資産があると教えるようなものだからだ。金庫については、「その④」でも触れたように設置先を工夫する、「防盗金庫」を使うなどを検討すべきである。もちろん、そうした設備に見合わない少額しかないなら、別の保管方法を考えるのがよいだろう。

一歩進んだ恐慌対策

ここまでに挙げた対策は、いわば「基本編」と言うべきもので、最低限行なう必要があるものばかりであるが、世の中には恐慌をものともせず、成果を期待できる資産クラスも存在する。

ここでは簡単に二つほど紹介して行くが、詳細については紙幅の都合上解説できないので、興味のある方はぜひ巻末のお知らせをご参考いただきたい。

大恐慌サバイバル　実践対策

基礎編

その①	資産の棚卸し
その②	株はすべて売却
その③	自宅も含め不動産は売却
その④	資産の一部はキャッシュで保有
その⑤	現物資産は現金化
その⑥	資産の預入先を分散
その⑦	海外口座への過度な依存は禁物
その⑧	金（ゴールド）は保有、ただし急落に注意
その⑨	治安対策の強化

上級編

その①	恐慌に強い「海外ファンド」を持つ
その②	ダイヤモンドを活用する

上級編その① 恐慌に強い「海外ファンド」を持つ

私がまずお勧めしたいのが、「海外ファンドへの直接投資」という方法だ。「海外ファンド」と聞くといかにもハードルが高そうだが、実は国内にいながら手続きができ、また「海外口座」に比べて保有後の維持管理面で負担が少ない点が魅力である。運用面でも、金融のプロによる最先端の手法や収益モデルを採用するなど、自分で株などに投資するよりはるかに安全な運用ができるのだ。

海外ファンドと一口に言っても世界中に数万もの銘柄があり、運用戦略も実に多様である。その中でも、ある運用戦略を採用するファンドは恐慌相場や国家破産といった逆境を逆手にとって、収益を上げられる可能性が極めて高い。その運用戦略とは、ズバリ「MF戦略」である。

私の書籍に何度も登場したものなので、すでにその名前はおろかどんな戦略かまで熟知している読者の方もいらっしゃることだろう。MF戦略とは「マネージド・フューチャーズ」戦略の略で、先物（フューチャーズ）取引をある管理手法（マネージド）を使って行なうものだ。

この管理手法とは「トレンドフォロー」と呼ばれるもので、相場の方向をコンピュータで管理し、上昇相場では買い、下落相場では売りの自動売買をするという「トレンド後追い作戦」を行なうものだ。一般的には、数百もの先物市場に分散投資し効率良く収益を狙って行く。事実、大半の海外ファンドや株式、債券、為替などのプロ投資家などが軒並み甚大なダメージを被った二〇〇八年のリーマン・ショックで、この「ＭＦ戦略」は極めて優れた成績を挙げている。さらに、９・11やＩＴバブル崩壊、最近では二〇一四年の原油暴落などの局面でも収益を上げ、その強さは折り紙付きである。次の大恐慌も、再びＭＦ戦略型ファンドが活躍することが大いに期待できる。

しかし、ＭＦ戦略型ファンドは決して万能ではない。二〇一〇年以降の世界的金融緩和相場では、おおむね横ばいという「ガマンの状況」が続いている。継続的な収益を期待するよりも、恐慌相場や大下落相場の到来で「階段式」に収益を積み上げることに期待するのが適切であろう。

ここで一つだけ、私が目下注目し、主宰する「ロイヤル資産クラブ」「自分年金クラブ」で最近情報提供を開始したMF型ファンドを紹介しておこう。

〈MF型ファンド：T―ミニ〉

このファンドは、とあるヨーロッパの会社が設定しているもので、近年MF型ファンドの中で流行している「ハイブリッド戦略」（MF以外の戦略を混ぜて安定的収益を狙う方法）とは異なり、他の戦略を取り入れずに純粋な「MF戦略」のみで運用を行なっている点が特徴だ。

注目すべきはその取り組みやすさで、一万米ドル相当額（約一一〇万円）というファンドとしては少額から投資可能、取引が月二回と比較的売買がしやすい、そして米ドル以外にもユーロや豪ドル、スイスフランそして日本円など複数の通貨でも投資可能となっている。有事に強いファンドに少額から投資でき、また通貨分散も行なえるというのは、他にはない貴重な魅力と言える。

なお、T―ミニは運用開始から日が浅いが、このファンドの基になっている「Tファンド」は二〇〇三年以来の運用実績を持っている。こちらは最少投資額も格段に大きく、また価格の上下動もかなり大きいため個人投資家が取り組むにはかなり扱いづらいファンドであるが、T-ミニはそれを小型化しかつ価格変動幅を低く抑えているため非常に取り組みやすくなっている。参考までに、基になっている「Tファンド」の月間騰落とチャートを掲載しておく。

ただ、こうしたファンドは国内金融機関での取り扱いがなく、またほとんど情報が流通していないためなかなか個人で活用するのは難しい。もし、ファンドを活用した資産防衛に興味がある場合は、ぜひ私が主宰している会員制クラブ「ロイヤル資産クラブ」「自分年金クラブ」に入会し、専任スタッフのサポートを受けて取り組んでいただきたい。およそ二〇年にわたる海外ファンド情報の提供と豊富な助言経験によって、あなたの資産防衛をしっかりとサポート可能である。巻末にクラブの案内を掲載しているのでご参考いただきたい。

上級編その②　ダイヤモンドを活用する

金《きん》（ゴールド）が恐慌対策に有効であることはすでに紹介した通りだが、実

Tファンドチャート

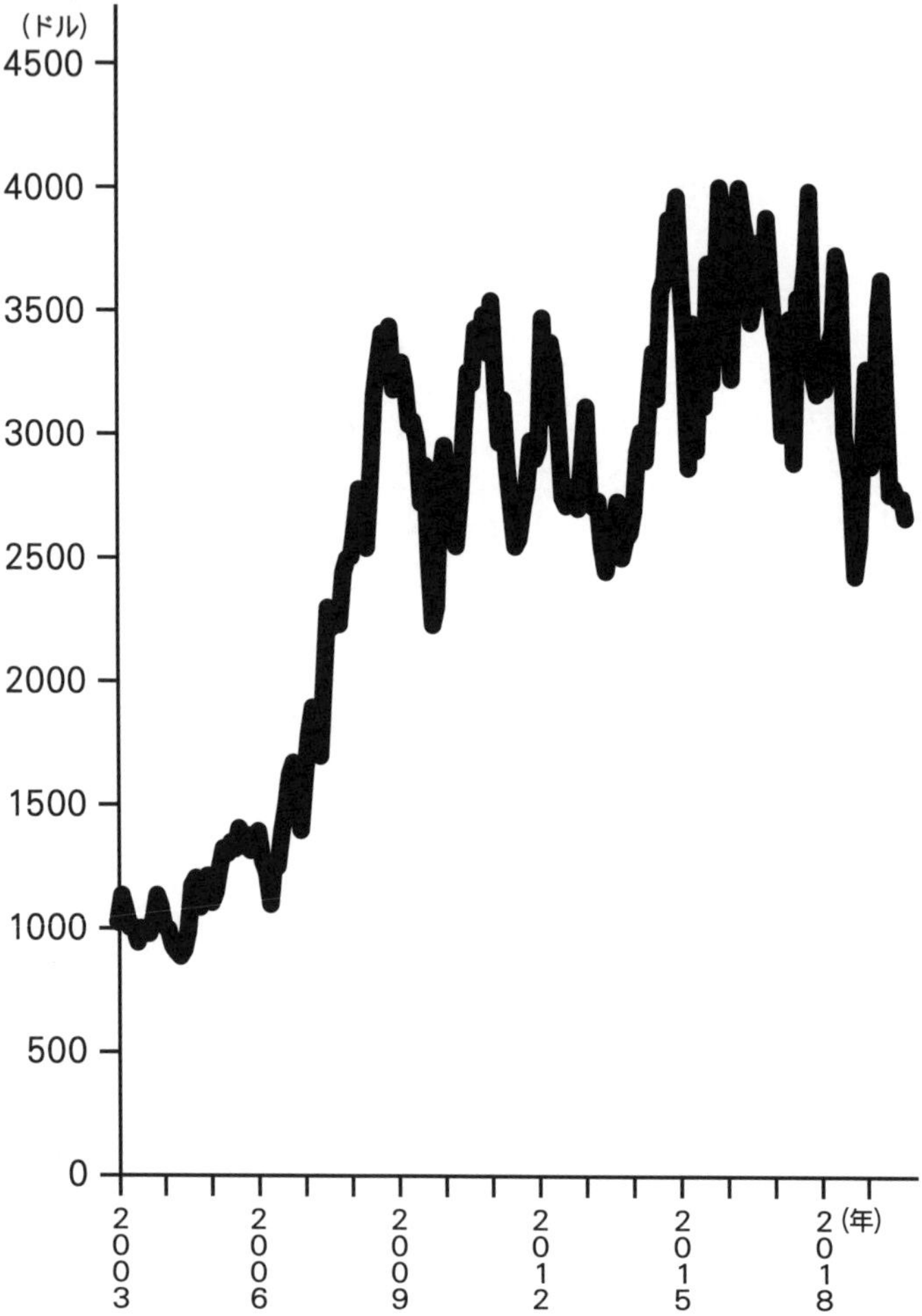
（ドル）
4500
4000
3500
3000
2500
2000
1500
1000
500
0
2003
2006
2009
2012
2015
2018
（年）

Tファンド騰落表

（単位：％）

	1月	2月	3月	4月	5月	6月	7月	8月	9月	10月	11月	12月	年初来
2003				5.06	11.04	−5.24	−6.68	−0.23	−5.83	6.18	−2.21	−0.11	0.54
2004	5.98	9.05	−3.63	−7.78	−1.02	−6.34	−3.32	−1.67	2.82	8.31	18.70	2.70	22.88
2005	−9.60	6.99	4.16	−8.91	3.77	8.52	6.22	−1.40	3.27	−1.65	6.35	−5.34	10.66
2006	3.48	−4.68	2.03	3.72	−8.57	−3.56	−10.24	13.49	0.06	11.13	7.00	8.88	21.46
2007	3.17	−8.85	−8.32	15.14	11.19	5.95	−4.99	−5.76	17.31	15.23	−3.39	1.94	39.38
2008	−1.26	9.30	2.31	0.40	5.08	5.49	−5.04	−3.64	11.25	11.58	4.33	3.60	50.87
2009	−0.54	1.36	−7.54	0.58	2.99	−2.76	−5.02	0.44	−2.54	−8.52	5.53	−12.72	−26.45
2010	−11.04	3.20	22.80	4.61	−11.89	−0.44	−1.78	7.49	9.70	8.27	−1.37	6.81	36.66
2011	−1.82	3.59	−4.41	6.28	−9.46	−7.47	5.97	−8.75	−5.51	−5.97	1.21	4.73	−21.19
2012	3.22	6.70	−2.37	1.51	17.73	−11.52	9.85	−2.85	−7.56	−9.42	−1.07	1.89	2.42
2013	0.85	−3.00	6.81	7.66	−11.82	−1.22	0.86	−6.68	−4.00	4.23	2.06	4.75	−1.35
2014	−8.40	2.94	1.15	3.60	8.81	2.57	−3.79	8.94	5.63	−5.57	13.76	1.44	33.04
2015	6.59	−1.31	3.77	−8.04	−7.57	−14.85	20.35	−15.10	13.93	−6.72	18.46	−13.02	−11.61
2016	12.19	11.19	−3.66	−8.83	−8.31	18.39	4.71	−3.22	−2.14	−8.84	2.79	6.44	17.64
2017	−5.71	8.99	−6.58	−5.73	−2.16	−10.09	2.08	13.22	−17.03	23.28	−0.62	4.36	−2.40
2018	8.23	−18.72	−2.31	2.30	−1.47	5.47	1.75	8.88	−2.42	−17.31	−3.79	−2.51	−23.39
2019	−14.28	5.00	16.00	10.66	−12.10	3.23	17.72	3.97	−11.81	−13.81	1.13	−1.73	−3.06
2020	0.07	−2.81											−2.74

は金《きん》にも弱点がある（有事の没収リスク、可搬性の悪さ、保管場所の問題、偽物の横行など）。しかし、こうした金《きん》の弱点を補完する現物資産が存在するのだ。それはズバリ、「ダイヤモンド」である。

「なぜ、ダイヤモンド？　本当に大丈夫？？」とお感じになった方もいるだろう。なにしろ、ダイヤモンドは一般的に金《きん》とは比べものにならないほど換金性が悪く、また当然ニセモノのリスクもあるからだ。金《きん》のように決まった市場や価格相場はなく、最悪換金すらできない危険もあるのだ。

しかし私は、その問題をクリアして一定の資産価値を維持できるダイヤの保有方法にたどり着いた。その最重要ポイントは「正しい売買ルートを選ぶ」ということだ。一般的に、ダイヤモンドは宝石店や百貨店で購入するが、それは資産防衛の役にはまったく立たない。なぜなら、嗜好品として売られているものであり、のちに現金化できるルートではないからだ。仮に現金化できたとしてもせいぜい買値の五分の一、通常は一〇分の一程度にしかならない。

しかし、国際的なオークション市場にアクセスできる専門業者であれば、実は一定価格内で売買することが可能なのだ。国際的なオークション市場では重さや品質によって実勢の取引価格が大体決まっており、定期的にその取引価格のレポートまで出ている。つまり、プロの世界にはマーケットがあり、適正価格もきちんと存在するのである。しかも、衝撃的なのはその価格は大体デパートや有名宝飾ブランドの店頭価格の三分の一程度なのである。

ただ、残念ながら一般の個人や事情を知らない事業者がこうしたオークション市場にアクセスすることはほとんどできない。そこで、私は各方面の人脈を駆使して、ダイヤモンドオークション市場に直接アクセスでき、そして非常に適正な価格で個人のダイヤモンド売買を仲介してくれるプロ業者の方と接点を開拓した。私が知り得る限り、今のところこうした優良な業者は日本国内でその一社しか知らない。もしご関心がおありの読者の方がいれば、そうした情報をお伝えする「ダイヤモンド情報センター」を開設しているので、ご連絡いただきたい（二八一ページ参照）。

なお、当然だがプロ向けマーケットでは厳正な鑑定を受けた真正品しか取引されない。したがって、そこを通じて購入した物は間違いなくホンモノであり、また売却もオークションを通じれば適正価格で行なってくれるので安心である。

次に気になるのが、「どの程度のダイヤが資産防衛に適切か」という点だ。二五七ページの図に要件をまとめた。このクラスのものは、需給バランスが比較的安定しているゆえに価格も極端なブレが少なく、売買価格差が著しく乖離することが少ない点が優れている。価格は市井では大体一三〇〜一五〇万円程度だが、オークション市場ではもう少し安い価格で取引されている。

なお、ある程度まとまった資産をダイヤモンドとして保有する場合でも、大きなダイヤを買うのではなく、一カラットクラスのものを複数保有するのがよい。大きいダイヤは需給に波があり、価格変動も大きくなりがちなためだ。

また、資産防衛目的で保有するのであれば宝飾品に加工ずみのものではなく、いわゆる「ルース」（石単体）に限る。指輪などになっているものは、専門業者が加工しておりその分デザイン料や加工賃が上乗せされて割高になっているし、加工時に石に細かい傷がついたりして売却時に評価が下がる恐れもある。

資産防衛としてのダイヤの要件

カラット（重さ）

1カラット程度

クラリティ（透明度）

VVS2以上

カラー（色）

F以上

カット

GOOD以上

その他、鑑定書などいくつかの注意点があるが、より詳しく知りたいという方は「ダイヤモンド情報センター」にお問い合わせいただきたい。

恐慌のピンチをチャンスに変える究極の方法とは

ここまで、恐慌時の資産防衛法を具体的に見て来たが、最後に一つ「究極の投資法」と言うべきものを紹介しよう。

その方法とは「オプション取引」だ。上級編の①では、恐慌時に収益が期待できる魅力的なファンドについて紹介した。MF戦略のファンドでは、わずか数ヵ月で二〇～三〇％もの収益を叩き出すものもあり、極めて魅力的だが、「オプション取引」はそれと比べても桁違いの威力だ。なんと、わずか数日～数週間で数十～数百倍、もっともすさまじい局面では一〇〇〇倍もの収益を叩き出すのだ。早い時には、たった一日で数十倍ということもまれではない。

実は、恐慌時には相場がすさまじい勢いで変動するわけだが、オプション取引はそうした「大荒れ」の相場になるほど大きな収益機会がたくさん生まれる。変動が大きければ、相場が暴落していようが暴騰していようが、収益を取ることが可能な点も大きな魅力だ。実際、前回の金融危機時には一〇〇〇倍超の銘柄もあり、数百倍に達した銘柄も複数誕生した。「新型コロナ恐慌」が到来すれば、これと同じように極めて魅力的な収益機会が多数生まれることだろう。これを活かさない手はない。

ただし、オプション取引は非常に大きな収益を得られる反面、損失機会も多いため取り組むには注意が必要だ。特に、損失を限定できる取引を選んで行かないと、投資額をはるかに上回る損失を被り、最悪は自己破産という危険すらあるのだ。

また、オプション取引は通常の株式や先物取引などと比べてもまったく違う特徴的な値動きをする上、株式のようにいつまでも持ち続けられず、保有期限が決まっている。そのため、その仕組みをきちんと理解した上で適時に適切な売買判断を下す必要があるのだ。中途半端な知識では小さい利益を得ることもおぼつかないため、もし取り組むのであれば十分に知識を身に付け、実戦経験をコツコツと積み上げることが重要だ。

しかし、そうした努力をする価値があるほど、オプション取引には大きな魅力があることも事実だ。どうせ恐慌の大パニックが到来するなら、それを逆手にとって果敢に勝負を挑んでもよいではないか。

基本知識を身につけていただくにあたっては、拙著『10万円を10年で10億円にする方法』（第二海援隊刊）をご参照いただきたい。また、そこから独学で取引の習熟まで進めればよいが、それはなかなか難しいかもしれない。

そこで、私が主宰する「オプション研究会」の活用もお勧めする。まったくの初心者でも基本的なことから懇切丁寧に指導し、取引ができるようになる上、相場急変時には推薦銘柄やタイミングなどの投資情報も配信している。専門スタッフの知見を活用すれば、独学よりもはるかに早く習熟し、「新型コロナ恐慌」でチャンスをものにすることすら可能だろう。詳しくは二七六ページを参照いただきたい。

早めに備えて朗らかに過ごす

　連日の新型肺炎報道を見るにつけ、不安に駆られ暗澹たる気分になっている方も多いことだろう。しかも、その先に待っているのが「新型肺炎発の世界大恐慌」となれば、もはや絶望的という考えになってしまうのも致し方ない。

　しかし、ウイルスがもたらす健康へのダメージも、恐慌がもたらす資産へのダメージも、いずれにしても適切な対処をしていれば十分に防ぎうるものだ。そのためには、いずれのダメージに対しても正しい知識を持ち、正しい対策をすることだ。

　この世に完璧はないから、絶対に肺炎にかからない、資産を減らさないという保証はないが、被害を最小限に抑えることができれば儲けものである。特に大恐慌をうまく乗り切った暁には、資産を倍増させる大きなチャンスすら訪れることだろう。

ある程度のウイルス対策、資産防衛対策ができたら、あとは泰然自若、ゆったりした気分で日々を過ごすのが最良だ。どんなに思い悩んでも自分ができる以上のことはできないし、きちんとした対策ができていれば結果はおのずと望ましいものとなる。クヨクヨ考えるよりも、明るく朗らかに日々を過ごす方が健康維持にとっても良いだろう。

本書をお読みいただいた読者の皆さんには、ぜひとも早急に恐慌対策を実践していただき、恐慌の不安を笑い飛ばしてたくましく激動の時代を乗り切っていただきたい。皆さんの健闘を祈る‼

エピローグ

新型コロナウイルスによる〝経済災害〟を生き残るために

昔から「悪い時には悪いコトが重なる」という。今回がまさにそうだ。世界経済は一〇年ごとに大きな〝経済災害〟に襲われて来た。ニューヨークブラックマンデー（一九八七年）→アジア危機・ロシア危機（一九九七〜八年）→リーマン・ショック（二〇〇八年）……。しかし、その一〇年後の二〇一八年は、何事もなかった。なぜなら、トランプも安倍もあの習近平も不況の到来を恐れて、中央銀行に命令して金利をゼロにし、異様な金融緩和（QE）でなんとか景気も株価も持ちこたえさせて来たからだ。

しかし、その手法はまさに麻薬と一緒で根本的な問題解決にはならず、痛みを先送りするだけで先送りした分だけ将来のしっぺ返しは手ひどいものとなる。

そうして誤魔化しているうちに、ついに今回の新型肺炎を原因とする〝経済災害〟がやって来てしまった。しかも、今や人類が抱え込んだ借金は二京七〇〇〇兆円と史上最大最悪となり、資金過剰から本来とっくに死んでいるはずのゾンビ企業が日本だけでなく世界中にウヨウヨしている。このタイミングで大逆回転が起きたらどうなるのか、考えるだに恐ろしい。

しかし、どのような時代にも生き残るための奥の手はある。本書はその生き残りのためのバイブルである。何回も読み返されて活用していただきたい。そして読者の背中に幸運の女神が微笑むことを祈ってペンを置きたい。

二〇二〇年三月吉日

浅井　隆

■この緊急事態を受けて、『予測的中！　新型コロナで株価大暴落』と題して浅井隆が緊急メッセージを込めたCD、DVDを作成致しました。この混乱の中で日本経済は、私たちの生活はどうなるのか？　そして、生き残りの極意とは？　ぜひ、お聴きください（お申し込みは、電話：〇三―三二九一―六一〇六、FAX：〇三―三二九一―六九〇〇まで）。

浅井隆からの重要なお知らせ

——恐慌および国家破産を勝ち残るための具体的ノウハウ

厳しい時代を賢く生き残るために必要な情報収集手段

日本国政府の借金は、先進国中最悪でＧＤＰ比二四〇％に達し、太平洋戦争終戦時を超えていつ破産してもおかしくない状況です。国家破産へのタイムリミットが刻一刻と迫りつつある中、ご自身とご家族の老後を守るためには二つの情報収集が欠かせません。

一つは「国内外の経済情勢」に関する情報収集、もう一つは「海外ファンド」や「海外の銀行口座」に関する情報収集です。これらについては、新聞やテレビなどのメディアやインターネットでの情報収集だけでは十分とは言えません。

私はかつて新聞社に勤務し、以前はテレビに出演をしたこともありますが、その経験から言えることは「新聞は参考情報。テレビはあくまでショー（エンターテインメント）」だということです。インターネットも含め誰もが簡単に入手できる情報でこれからの激動の時代を生き残って行くことはできません。

皆さんにとって、もっとも大切なこの二つの情報収集には、第二海援隊グループ（代表：浅井隆）が提供する特殊な情報と具体的なノウハウをぜひご活用下さい。

“恐慌および国家破産対策”の入口「経済トレンドレポート」

皆さんに特にお勧めしたいのが、浅井隆が取材した特殊な情報や、浅井が信頼する人脈から得た秀逸な情報をいち早くお届けする「経済トレンドレポート」です。今まで、数多くの経済予測を的中させてきました。

そうした特別な経済情報を年三三回（一〇日に一回）発行のレポートでお届けします。初心者や経済情報に慣れていない方にも読みやすい内容で、新聞やインターネットに先立つ情報や、大手マスコミとは異なる切り口からまとめた情報を掲載しています。

さらにその中で恐慌、国家破産に関する『特別緊急警告』『恐慌警報』も流しております。「激動の二一世紀を生き残るために対策をしなければならないことは理解したが、何から手を付ければよいかわからない」「経済情報をタイムリーに得たいが、難しい内容にはついて行けない」という方は、まずこの経済トレンドレポートをご購読下さい。経済トレンドレポートの会員になられますと、講演会など様々な割引・特典を受けられます。詳しいお問い合わせ先は、㈱第二海援隊まで。

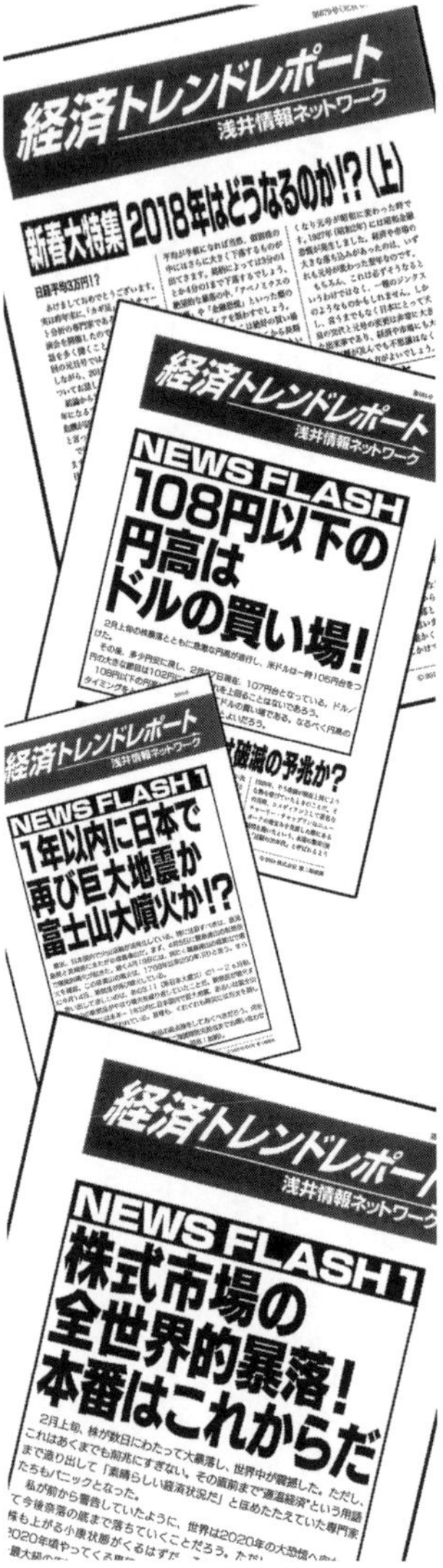

恐慌・国家破産への実践的な対策を伝授する会員制クラブ

国家破産対策を本格的に実践したい方にぜひお勧めしたいのが、第二海援隊の一〇〇%子会社「株式会社日本インベストメント・リサーチ」（関東財務局長（金商）第九二六号）が運営する三つの会員制クラブ（「自分年金クラブ」「ロイヤル資産クラブ」「プラチナクラブ」）です。

まず、この三つのクラブについて簡単にご紹介しましょう。「自分年金クラブ」は、資産一〇〇〇万円未満の方向け、「ロイヤル資産クラブ」は資産一〇〇〇万～数千万円程度の方向け、そして最高峰の「プラチナクラブ」は資産一億円以上の方向け（ご入会条件は資産五〇〇〇万円以上）で、それぞれの資産規模に応じた魅力的な海外ファンドの銘柄情報や、国内外の金融機関の活用法に関する情報を提供しています。

恐慌・国家破産は、なんと言っても海外ファンドや海外口座といった「海外の活用」が極めて有効な対策となります。特に海外ファンドについては、私たちは早くからその有効性に注目し、二〇年以上にわたって世界中の銘柄を調査してまいりました。本物の実力を持つ海外ファンドの中には、恐慌や国家破産といった有事に実力を発揮するのみならず、平時には資産運用としても魅力的なパフォーマンスを示すものがあります。こうした情報を厳選してお届けするのが、三つの会員制クラブの最大の特長です。

その一例をご紹介しましょう。三クラブ共通で情報提供する「ATファンド」は、先進国が軒並みゼロ金利というこのご時世にあって、年率六～七％の収益を安定的に挙げています。これは、たとえば三〇〇万円を預けると毎年約二〇万円の収益を複利で得られ、およそ一〇年で資産が二倍になる計算となります。しかもこのファンドは、二〇一四年の運用開始から一度もマイナスを計上したことがないという、極めて優秀な運用実績を残しています。日本国内の投資信託などではとても信じられない数字ですが、世界中を見渡せばこうした優れた銘柄はまだまだあるのです。

冒頭にご紹介した三つのクラブでは、「ATファンド」をはじめとしてより高い収益力が期待できる銘柄や、恐慌などの有事により強い力を期待できる銘柄など、様々な魅力を持ったファンド情報をお届けしています。なお、資産規模が大きいクラブほど、取扱銘柄数も多くなっております。

また、ファンドだけでなく金融機関選びも極めて重要です。単に有事にも耐え得る高い信頼性というだけでなく、各種手数料の優遇や有利な金利が設定されている、日本にいながらにして海外の市場と取引ができるなど、金融機関も様々な特長を持っています。こうした中から、各クラブでは資産規模に適した、魅力的な条件を持つ国内外の金融機関に関する情報を提供し、またその活用方法についてもアドバイスしています。

その他、国内外の金融ルールや国内税制などに関する情報など資産防衛に有用な様々な情報を発信、会員様の資産に関するご相談にもお応えしております。浅井隆が長年研究・実践して来た国家破産対策のノウハウを、ぜひあなたの大切な資産防衛にお役立て下さい。

詳しいお問い合わせは「㈱日本インベストメント・リサーチ」まで。

TEL：〇三（三二九一）七二九一　FAX：〇三（三二九一）七二九二
Eメール：info@nihoninvest.co.jp

オプション・デイトレ集中セミナー

「九章に出て来る日経平均オプションって面白そうだなぁ」と興味を持った方の中には、「でも実際のところ、何から始めたらいいの？」といきなりつまずいた方も多いかと存じます。なにしろ、オプション取引は独学しようにも他の投資法に比べて書籍などの情報が少なく、また内容も簡単なものから難解なものまで様々です。また、オプション取引を使ったデイトレード（デイトレ）という、やり方次第ではとても面白い方法もあるのですが、実はデイトレについても、いろいろな手法があり過ぎる一方、詳しい解説が少ないものも多く何からどう手を付けてよいか迷ってしまいます。知っておくべきことや準備が必要なことが多いにも関わらず、習得に役立つ情報がなかなか見当たらないといった側面が「オプション取引」そして「デイトレ」にはあり、そのためイザ取り掛かろうしても何をしてよいか迷ってしまうわけです。

そこで、本書を手に取り「自分も日経平均オプションに挑戦してみるか！」とお考えの方に、「オプション取引」と「デイトレ」を実践するにあたって必要な知識・道具・考え方（心得）を短期間で網羅するための特別な勉強会「オプション・デイトレ集中セミナー」（全三回）を開催いたします。

◆オプション・デイトレ集中セミナー（全三回）

日程

第一回二〇二〇年五月二七日（水）

第二回二〇二〇年六月二五日（木）

第三回二〇二〇年七月二二日（水）

各日とも一一時～一六時（途中一時間休憩あり）

参加費　二〇万円（税別　全三回　部分参加は原則不可）

また、セミナーに先立ってまず「日経平均オプション」についてお知りになりたい方は、『10万円を10年で10億円にする方法』（第二海援隊）にてわかりやすく概要を紹介していますのでご一読下さい。また、オプション取引を使ったデイトレードの魅力については、『デイトレ・ポンちゃん』（第二海援隊）でご紹介していますので合わせてご参考下さい。

これからの時代、老後資金は年金をお上からもらうことを待っているだけではなく、自身でも工夫をして生み出して行くことが必須となります。「オプション」「デイトレ」といった方法もそのための選択肢の一つとして大いに活用を検討したいところです。本セミナーをご活用いただき、ぜひ有効な情報をご入手下さい。

オプション・デイトレ集中セミナー説明会

「オプション・デイトレ集中セミナー」に興味はあるものの、今少しセミナーの概要について詳しく知りたい方向けに「オプション・デイトレ集中セミナー説明会」を二〇二〇年四月二七日（月）に開催いたします。全三回で開催する「オプション・デイトレ集中セミナー」でどのような内容に触れるのか、またオプション・デイトレの習得を加速させるためにどう役立つのかをわかりやすく解説して行きます。
当日は、「オプション・デイトレ」の他にも、「オプション取引」の習熟を全面支援し、また取引に参考となる市況情報なども発信する「オプション研究会」についても解説いたします。また、日本の財政危機に備える資産防衛法を助言する「ロイヤル資産クラブ」「自分年金クラブ」についても説明予定です。
日本が抱える借金の規模は、太平洋戦争の末期を超えようとしています。年金や医療などの社会保障制度の崩壊に際し、自分で自分の年金を稼ぎ資産を守り、さらに殖やして行くことが必要な時代が到来します。ぜひ奮ってご参加下さい‼
「㈱日本インベストメント・リサーチ　オプション・デイトレ集中セミナー説明会」担当　山内・齋藤
TEL：〇三（三二九一）七二九一　FAX：〇三（三二九一）七二九二
Eメール：info@nihoninvest.co.jp

「オプション研究会」好評始動中!!

リーマン・ショックから一〇年。市場はすさまじい恐慌相場による教訓を忘れ、一部では溢れかえる金融緩和マネーの流入によってバブル経済を引き起こしつつあります。世界経済は次なる暴落局面に向けて着々とエネルギーを蓄えているかのようです。しかし、こうした相場大変動の局面は「オプション投資」にとっては千載一遇の大チャンスにもなり得ます。

このチャンスをしっかりとモノにできれば、サラリーマンは資産家に、そして小金持ちは大富豪になることすら夢ではありません。ただ、この好機をつかむためには、オプション取引の基本を理解し、暴落相場における収益シミュレーションを入念に行なって、いざコトがはじまった時にすぐさま対応できるよう準備を整えることが何より重要です。またこうした準備は、なるべく早いうちに行なうことが成功のカギとなります。

そこで今回、浅井隆自らがオプション投資の魅力と活用のコツ、そしてそれを実践するための基本から、暴落時の投資シナリオに至るまでの必要な知識と実践法を伝授し、そしてイザ大変動が到来した際は、投資タイミングに関する情報も発信する新たな会員制クラブ「オプション研究会」を二〇一八年一〇月一日に発足しました。募集早々からお問い合わせが殺到し、第一次募集の定員一〇〇名と、追加枠の一〇〇名の合計二〇〇名についても満員となりました。その後しばらくはキャンセル待ちとなっておりましたが、現在は若干数のお席が用意できる状態となっております。ただ、こちらも応募の殺到が予想されますので、お早めのお申し込みをお奨めします。

ここで「オプション取引」についてご存じない方のために、ごく簡単にその魅力の一端をご紹介します。

まず、投資対象は大阪取引所に上場されている「日経平均オプション」という金融商品で、ある将来時点での日経平均株価を、あらかじめ決まった価格で「買う」または「売る」ことのできる権利を売買する取引になります。投資に少し明るい方や投資本などからは「リスクが高く難しいプロ向けの投資法」という指摘がありますが、これは「オプション取引」の一側面を説明しているに過ぎません。実は基本的な仕組みとリスクの高いポイントを正しく理解すれば、リスクを限定しつつ、少額から投資して資金を数十～数百倍にもすることが可能となる、極めて魅力的な投資法となるのです。

オプション取引の主なポイントは以下の通りです。

①取引を権利の「買い建て」に限定すれば、損失は投資した額に限定され、追証が発生しない（つまり損失は限定）

②数千もの銘柄がある株式投資と異なり、日経平均の「買う権利」（コール）を買うか「売る権利」（プット）を買うかなので、ある意味単純明快

③日本の株価がいつ大きく動くのか、タイミングを当てることが成否の最大のポイント

④給与や年金とは分離して課税される（税率約二〇％）

⑤二〇一九年後半～二〇二〇年、株式相場は大荒れが予想されるのでオプションは人生最大のチャンスになる！

「オプション研究会」では、オプション投資はおろか株式投資の経験もないという方でも、チャンス到来の時にはしっかりと取引を行なって収益機会を活用できることを目指し、懇切丁寧に指導いたします。もちろん、オプション取引は「誰でも簡単に投資し、利益を得られる」というものではありませんが、「一生に一度」にもなるかもしれない好機をぜひ活かしたいという意欲があれば、必ずやこのクラブを通じてオプション投資の基本を習得し、そして実践できるだけの力を身に付けていただけると自負いたします。また、大きな収益期待がある投資方法は、それに伴うリスクにも十分に注意が必要となりますが、その点についてもクラブにて手厚く指導いたしますのでご安心下さい。

ご関心がおありの方は、ぜひこのチャンスを逃さずにお問い合わせ下さい。

「㈱日本インベストメント・リサーチ オプション研究会」担当 山内・稲垣・関
TEL：〇三（三二九一）七二九一　FAX：〇三（三二九一）七二九二
Eメール：info@nihoninvest.co.jp

浅井隆が詳説！「オプション研究会」無料説明会DVD

オプションに重大な関心を寄せているものの、どのようにしてオプション投資にとりかかればよいかわからないという方のために、浅井隆自らがオプション投資の魅力と活用のコツ、そしてそれを実践するための専門的な助言クラブである「オプション研究会」の内容を詳しく解説した無料説明会DVDを頒布いたします（内容は二〇一八年一二月一五日に開催した説明会を収録したものです）。「書籍を読んだけど、今少し理解を深めたい」「浅井隆からのメッセージを直接聞いてみたい」という方は、ぜひこの機会にご入手下さい。なお、音声のみをご希望の方にはCDの頒布もございます。

「オプション研究会 無料説明会 受講DVD／CD」

（収録時間：DVD・CDとも約一六〇分）

価格：特別DVD……三〇〇〇円（実費 送料込）

CD……二〇〇〇円（実費 送料込）

※　DVD・CDとも、お申し込み確認後約一〇日でお届けいたします。
「オプション研究会 無料説明会 受講DVD」に関するお問い合わせは、
㈱日本インベストメント・リサーチ オプション研究会 担当」まで。
TEL：〇三（三二九一）七二九一　FAX：〇三（三二九一）七二九二
Eメール：info@nihoninvest.co.jp

「ダイヤモンド投資情報センター」

現物資産を持つことで資産保全を考える場合、小さくて軽いダイヤモンドは持ち運びも簡単で、大変有効な手段と言えます。近代画壇の巨匠・藤田嗣治は第二次世界大戦後、混乱する世界を渡り歩く際、資産として持っていたダイヤモンドを絵の具のチューブに隠して持ち出し、渡航後の糧にしました。金《きん》だけの資産防衛では不安という方は、ダイヤモンドを検討するのも一手でしょう。

しかし、ダイヤモンドの場合、金《きん》とは違って公的な市場が存在せず、専門の鑑定士がダイヤモンドの品質をそれぞれ一点ずつ評価して値段が決まるため、売り買いは金《きん》に比べるとかなり難しいという事情があります。そのため、信頼できる専門家や取扱店と巡り合えるかが、ダイヤモンドでの資産保全の成否の分かれ目です。

そこで、信頼できるルートを確保し業者間価格の数割引という価格での購入が可能で、GIA（米国宝石学会）の鑑定書付きという海外に持ち運んでも適正価格での売却が可能な条件を備えたダイヤモンドの売買ができる情報を提供いたします。

ご関心がある方は「ダイヤモンド投資情報センター」にお問い合わせ下さい。

TEL：〇三（三二九一）六一〇六　担当：大津

『浅井隆と行くニュージーランド視察ツアー』

南半球の小国でありながら独自の国家戦略を掲げる国、ニュージーランド。浅井隆が二〇年前から注目して来たこの国が今、「世界でもっとも安全な国」として世界中から脚光を浴びています。核や自然災害の脅威、資本主義の崩壊に備え、世界中の大富豪がニュージーランドに広大な土地を購入し、サバイバル施設を建設しています。さらに、財産の保全先（相続税、贈与税、キャピタルゲイン課税がありません）、移住先としてもこれ以上の国はないかもしれません。

そのニュージーランドを浅井隆と共に訪問する、「浅井隆と行くニュージーランド視察ツアー」を毎年一一月に開催しております。現地では浅井の経済最新情報レクチャーもございます。内容の充実した素晴らしいツアーです。ぜひ、ご参加下さい。

TEL：〇三（三二九一）六一〇六　担当：大津

浅井隆のナマの声が聞ける講演会

著者・浅井隆の講演会を開催いたします。二〇二〇年は東京・四月二八日（火）、大阪・四月三〇日（木）、福岡・五月一日（金）、札幌・七月三日（金）を予定しております。経済の最新情報をお伝えすると共に、生き残りの具体的な対策を詳しく、わかりやすく解説いたします。

活字では伝えることのできない肉声による貴重な情報にご期待下さい。
詳しいお問い合わせ先は、㈱第二海援隊まで。
■第二海援隊連絡先
TEL：〇三（三二九一）六一〇六　FAX：〇三（三二九一）六九〇〇
Eメール：info@dainikaientai.co.jp
ホームページアドレス：http://www.dainikaientai.co.jp/

第二海援隊ホームページ

また、第二海援隊では様々な情報をインターネット上でも提供しております。詳しくは「第二海援隊ホームページ」をご覧下さい。私ども第二海援隊グループは、皆さんの大切な財産を経済変動や国家破産から守り殖やすためのあらゆる情報提供とお手伝いを全力で行ないます。

また、浅井隆によるコラム「天国と地獄」を一〇日に一回、更新中です。経済を中心に、長期的な視野に立って浅井隆の海外をはじめ現地生取材の様子をレポートするなど、独自の視点からオリジナリティ溢れる内容をお届けします。
ホームページアドレス：http://www.dainikaientai.co.jp/

〈参考文献〉

【新聞・通信社】


『日本経済新聞』『朝日新聞』『産経新聞』『毎日新聞』『東京新聞』

『大阪日日新聞』『琉球新報』『観光経済新聞』『スポーツ報知』『ロイター』

『日刊スポーツ』『ブルームバーグ』『フィナンシャル・タイムズ』

『時事通信社』『共同通信』


【書籍】

『インフルエンザ・ウイルス　スペインの貴婦人
——スペイン風邪が荒れ狂った 120 日』（リチャード・コリヤー著　清流出版）
『流行性感冒——「スペイン風邪」大流行の記録』（内務省衛生局　平凡社）

【拙著】

『最後のバブルそして金融崩壊』（第二海援隊）『2020 年の衝撃』（第二海援隊）
『2017 年の衝撃〈下〉』（第二海援隊）『株大暴落、恐慌目前！』（第二海援隊）
『都銀、ゆうちょ、農林中金まで危ない⁉』（第二海援隊）
『10 万円を 10 年で 10 億円にする方法』（第二海援隊）

【その他】

『ＮＨＫテレビ』『現代ビジネス』『フジテレビ』『FNN PRIME』

【ホームページ】

フリー百科事典『ウィキペディア』

『内閣官房』『観光庁』『日本政府観光局』『国立感染症研究所』

『Forbes Japan』『ウォールストリートジャーナル　日本語電子版』

『ＣＮＮ』『ニューズウィーク　日本語電子版』『人民網日本版』

『レコードチャイナ』『大紀元時報』『東京商工リサーチ』『日経 XTECH』

『日経ビジネスオンライン』『ダイヤモンド・オンライン』『SankeiBiz』

『文春オンライン』『東洋経済オンライン』『日刊 SPA!』『Business Journal』

『NEWSPOST セブン』『デイリー NK ジャパン』『流通ニュース』『iZa』

『JBpress』『JETRO』『フォーリン・アフェアーズ』『Yahoo ！ニュース』

『Gigazine』『nippon.com』『コトラプレス』『CBRE』『花王』『BLOGOS』

『金融用語辞典』『South China Morning Post』『株式会社シスプロ』

〈著者略歴〉
浅井　隆　（あさい　たかし）
経済ジャーナリスト。1954年東京都生まれ。学生時代から経済・社会問題に強い関心を持ち、早稲田大学政治経済学部在学中に環境問題研究会などを主宰。一方で学習塾の経営を手がけ学生ビジネスとして成功を収めるが、思うところあり、一転、海外放浪の旅に出る。帰国後、同校を中退し毎日新聞社に入社。写真記者として世界を股に掛ける過酷な勤務をこなす傍ら、経済の猛勉強に励みつつ独自の取材、執筆活動を展開する。現代日本の問題点、矛盾点に鋭いメスを入れる斬新な切り口は多数の月刊誌などで高い評価を受け、特に1990年東京株式市場暴落のナゾに迫る取材では一大センセーションを巻き起こす。
その後、バブル崩壊後の超円高や平成不況の長期化、金融機関の破綻など数々の経済予測を的中させてベストセラーを多発し、1994年に独立。1996年、従来にないまったく新しい形態の21世紀型情報商社「第二海援隊」を設立し、以後約20年、その経営に携わる一方、精力的に執筆・講演活動を続ける。2005年7月、日本を改革・再生するための日本初の会社である「再生日本21」を立ち上げた。主な著書:『大不況サバイバル読本』『日本発、世界大恐慌!』(徳間書店)『95年の衝撃』(総合法令出版)『勝ち組の経済学』(小学館文庫)『次にくる波』(PHP研究所)『Human Destiny』(『9・11と金融危機はなぜ起きたか!?〈上〉〈下〉』英訳)『あと2年で国債暴落、1ドル=250円に!!』『いよいよ政府があなたの財産を奪いにやってくる!?』『あなたの老後、もうありません!』『日銀が破綻する日』『預金封鎖、財産税、そして10倍のインフレ!!〈上〉〈下〉』『トランプバブルの正しい儲け方、うまい逃げ方』『世界沈没——地球最後の日』『世界中の大富豪はなぜＮＺに殺到するのか!?〈上〉〈下〉』『円が紙キレになる前に金を買え!』『元号が変わると恐慌と戦争がやってくる!?』『有事資産防衛　金か？　ダイヤか？』『第2のバフェットか、ソロスになろう!!』『浅井隆の大予言〈上〉〈下〉』『2020年世界大恐慌』『北朝鮮投資大もうけマニュアル』『この国は95%の確率で破綻する!!』『徴兵・核武装論〈上〉〈下〉』『100万円を6ヵ月で2億円にする方法!』『最後のバブルそして金融崩壊』『恐慌と国家破産を大チャンスに変える!』『国家破産ベネズエラ突撃取材』『都銀、ゆうちょ、農林中金まで危ない!?』『10万円を10年で10億円にする方法』『私の金が売れない!』『株大暴落、恐慌目前!』『2020年の衝撃』『デイトレ・ポンちゃん』(第二海援隊)など多数。

新型肺炎発世界大不況

2020年3月22日　初刷発行

著　者　浅井　隆
発行者　浅井　隆
発行所　株式会社　第二海援隊
〒101-0062
東京都千代田区神田駿河台2-5-1　住友不動産御茶ノ水ファーストビル8F
電話番号　03-3291-1821　　ＦＡＸ番号　03-3291-1820

印刷・製本／株式会社シナノ

ISBN978-4-86335-204-9
Printed in Japan

第二海援隊発足にあたって

日本は今、重大な転換期にさしかかっています。にもかかわらず、私たちはこの極東の島国の上で独りよがりのパラダイムにどっぷり浸かって、まだ太平の世を謳歌しています。

しかし、世界はもう動き始めています。その意味で、現在の日本はあまりにも「幕末」に似ているのです。ただ、今の日本人には幕末の日本人と比べて、決定的に欠けているものがあります。それこそ、志と理念です。現在の日本は世界一の債権大国（＝金持ち国家）に登り詰めはしましたが、人間の志と資質という点では、貧弱な国家になりはててしまいました。それこそが、最大の危機といえるかもしれません。

そこで私は「二十一世紀の海援隊」の必要性を是非提唱したいのです。今日本に必要なのは、技術でも資本でもありません。志をもって大変革を遂げることのできる人物と、それを支える情報です。まさに、情報こそ〝力〟なのです。そこで私は本物の情報を発信するための「総合情報商社」および「出版社」こそ、今の日本に最も必要と気付き、自らそれを興そうと決心したのです。

しかし、私一人の力では微力です。是非皆様の力をお貸しいただき、二十一世紀の日本のために少しでも前進できますようご支援、ご協力をお願い申し上げる次第です。

浅井　隆